W0052207

Karl-Heinz Steeg

„Vum Gaadefeld"

Erinnerungen an die Mainzer Neustadt von 1926 bis 1944

In unserer Reihe „Bilder aus Mainz" sind bisher erschienen:
(1) Erinnerungen an Mainz wie es einmal war
(2) Alt-Mainz auf den ersten Blick
(3) Mainz – Ein Bildband in Farbe
(4) Mainz auf den ersten Blick
(5) Geheimnisvolles Mainz
(6) Mainz – Lebensgefühl einer Zeit – Die 50er Jahre
(7) „Vum Gaadefeld" – Erinnerungen an die Mainzer Neustadt
von 1926 bis 1944

Fotonachweis:
Stadtarchiv Mainz
Privatsammlung der Familie Heinz
Privatsammlung der Familie Steeg

1. Auflage 2003
Alle Rechte vorbehalten,
auch die des auszugsweisen Nachdrucks
und der fotomechanischen Wiedergabe.
Satz und Layout:
Typographische Dienste U. Weiss, Borken (Hessen)
Druck: Steinmeier, Nördlingen
Buchbinderische Verarbeitung: Buchbinderei Büge, Celle
© Wartberg Verlag GmbH & Co. KG
34281 Gudensberg-Gleichen, Im Wiesental 1
Telefon (0 56 03) 9 30 50
www.wartberg-verlag.de
ISBN 3-8313-1221-4

Inhalt

Zum Geleit

Die Neustadt gehört zu den jüngsten Gebieten in der Mainzer Innenstadt. Ihre Anfänge reichen gerade einmal 125 Jahre zurück.

Mainz war seit 1815 Festungsstadt und von einem gewaltigen engen Festungsgürtel umgeben. Um 1860 gab es in der Stadt kein Baugelände mehr. Die Wohndichte war außerordentlich hoch. Von 1820 bis 1860 hatte sich die Bevölkerungszahl von rund 25 500 auf 41 500 erhöht. Eine Bebauung des sich im Norden an das Stadtgebiet anschließenden Gartenfeldes bot sich an. Es lag aber außerhalb der Festungsmauern, eine planmäßige Erschließung war aus militärischen Gründen nicht möglich.

Nach mehrjährigen Verhandlungen kam 1872 der Stadterweiterungsvertrag zustande. Das Festungsgouvernement überließ der Stadt Mainz das Gartenfeld unentgeltlich. Sie hatte aber für die Einbeziehung des Geländes in die Festung vier Millionen Gulden zu zahlen. Das gewonnene Gelände war 180 Hektar groß und entsprach einer Erweiterung der Siedlungsfläche um 150 Prozent.

Die Bebauung der Neustadt begann im südlichen Bereich. Sie dauerte viele Jahrzehnte und war erst nach rund 50 Jahren mehr oder weniger abgeschlossen. Man kann diese Entwicklung auch nach den schweren Zerstörungen im Zweiten Weltkrieg noch heute an den Baustilen ablesen. Im Süden überwiegen Villen und Einfamilienhäuser, im Norden Mehrfamilienhäuser und Wohnblocks.

Die Altstadtbewohner blickten argwöhnisch auf die aufblühende Neustadt, vor allem als 1877 der Hauptbahnhof vom Neutor an das südliche Ende der Neustadt verlegt worden war und dort beispielsweise auch mehrere Schulen entstanden. Man fühlte sich vernachlässigt und abgekoppelt. Die Gründung des Vereins Altstadt war die Antwort. Dieser sollte vor allem die Interessen der Geschäftsleute in der Altstadt schützen. Frotzeleien gab und gibt es auf beiden Seiten. Karl-Heinz Steeg streift dies am Beginn seiner Erinnerungen.

Die Mainzer Neustadt ist ein quicklebendiges Gemeinwesen, eigenständig und charakteristisch „gaadefelderisch", mit vielen großen und zahllosen kleinen Geschäften, urigen Gaststätten und Sommerfesten. Im Stadthaus in der Kaiserstraße leisten Dienststellen der Stadtverwaltung Bürgerservice. Den Neustädter zieht es selten über die Kaiserstraße hinaus, den Altstädter ebenso. Bei den Altstädtern ist gelegentlich eine gewisse Überheblichkeit spürbar, bei den Gaadefeldern manchmal ein gewisses Minderwertigkeitsgefühl. Beides ist fehl am Platz.

Karl-Heinz Steeg, „Babbelnit" und langjähriger Vizepräsident des traditionsreichen Mainzer Carneval-Vereins, ist 1926 im Gaadefeld geboren und dort aufgewachsen. Und er ist stolz darauf. Das Leben in der Neustadt ist selten beschrieben worden. Karl-Heinz Steeg unternimmt es, liebevoll und konkret am Beispiel seiner Person, seiner Familie und deren Umgebung. Stets bezieht er aber auch das Zeitgeschehen mit ein. Und so entsteht ein beeindruckendes Gemälde. Dem Autor sei daher herzlich gedankt. Möge die Schrift von vielen Mainzern auf beiden Seiten der Kaiserstraße gelesen werden. Sie hat es verdient.

Gewidmet hat Karl-Heinz Steeg die Erinnerungen seinem verstorbenen Freund Richard Emrich, der an der Ecke Gartenfeldplatz/Kurfürstenstraße eine hervorragende Metzgerei betrieb, wie ich aus eigener Erfahrung bezeugen kann, denn auch ich war für einige Jahre ein Gaadefelder aus der Nackstraße und teile die Begeisterung von Karl-Heinz Steeg für die Neustadt.

Friedrich Schütz,
Ltd. Archivdirektor
Stadtarchiv Mainz

Vorwort

Soll man eigentlich sagen „Ich bin stolz en Gaadefelder zu soi!"? Oder soll man lieber etwas Gas wegnehmen und sich einfach nur darüber freuen, im Gaadefeld geboren zu sein und dort zu leben oder mal gelebt zu haben? Ich stelle diese Fragen ganz bewusst, weil unsere Mainzer Mitbürger aus dem entgegengesetzt gelegenen Stadtteil, nämlich der „Vilzbach", da weitaus unbescheidener sind. „Ich bin en echte Vilzbächer" wird da angeberisch getönt, „moin Opa unn moi Oma hawwe schun in de Kapuzinergass gewohnt!" Da wird man ganz still, zumal der diesen Leuten zugehörige unverfälschte Määnzer Dialekt in seiner Deutlichkeit und Lautstärke kaum etwas zu wünschen übrig lässt. Dazu kommt, dass die Vilzbach auch noch mit einem zugegebenermaßen sehr schönen Lied besungen wird: „Die Vilzbach is des allerschönste Verdel, dort wohne starke Leit …"

Wahrscheinlich aus Angst vor diesen „starke Leit" hat das Gaadefeld nie den Versuch unternommen, da literarisch etwas dagegenzusetzen. Auf Anhieb fällt mir einzig und allein der Bube-Vers ein: „Roter Fuchs vum Gaadefeld, morje werste ausgestellt!" Aber was ist das schon gegen eben dieses schon 1865 gedichtete Vilzbachlied von Karl Weiser. Auch mit dem Furcht einflößenden Begriff „Indianerverdel", den man dem Gaadefeld gerne anhängte, war keinem Altstädter die „Kurasch abzukaafe". Verbleibt also uns Gartenfeldern, jetzt spreche mer's emol hochdeitsch aus, nichts anderes, als uns über unseren Stadtteil zu freuen und, wenn wir ihm irgendwann mal den Rücken kehren mussten, sich seiner angenehm zu erinnern.

Das soll auch der Zweck dieses Büchleins sein. Ich möchte mich an das Gaadefeld zurückerinnern, das ich in meiner Jugend, das ist genau genommen die Zeit von 1926 bis 1944, erlebt habe: an Straßen und Plätze, an Begebenheiten und Verhältnisse, an Menschen und Ereignisse. Das Büchlein will keinesfalls irgendwelche Ansprüche stellen, weder stadthistorische noch besondere literarische. Es sollen ganz einfach Erinnerungen sein, so wie sie mir bis heute geblieben sind.

Natürlich habe ich an dieser Stelle auch Worte des Dankes zu sagen. Zunächst unserem Sohn und unserer Schwiegertochter, Klaus-Jürgen und Elke Lorenz, die mir Titelgestaltung und Fotosatz zu meinem Geburtstag geschenkt haben und gleichfalls der Grafikerin Nina Heirich aus dem Hause Lorenz Werbung GmbH, die das alles mit viel Einfühlungsvermögen ausgeführt hat. Herzlichen Dank auch meinem Freund Friedrich Schütz, Leitender Direktor des Mainzer Stadtarchivs, der mir gemeinsam mit seinem Mitarbeiter Michael Brumby zu den meisten Fotos verhalf. Friedrich Schütz hat aber – und dafür bin ich ihm besonders dankbar – nicht nur als sachverständiger Lektor mitgewirkt, sondern dem Büchlein auch ein lehrreiches und stellenweise sogar schmeichelhaftes Geleitwort gegeben.

Karl-Heinz Steeg

Von Forster bis Goethe

Das klingt vielleicht etwas hochtrabend, soll aber nur den Bogen spannen vom „Forsterplatz" bis zur „Goetheschule". Schließlich braucht jedes Kapitel seine Überschrift – so einfach ist das.

Damals noch als Hausgeburt

Am Forsterplatz nämlich bin ich 1926 geboren. Erst zwanzig Jahre später wurde mir bewusst, dass es sich bei diesem Forster, den die Nazis nach ihrer Machtergreifung 1933 bald vom Straßenschild wegwischten, um den revolutionären Weltbürger und einstmaligen kurfürstlichen Universitätsbibliothekar Georg Forster handelte, der 1794 in Paris angeblich an gebrochenem Herzen verstorben ist.

So war ich im Nachhinein und bins auch heute noch, auf meinen Geburtsplatz und seinen Namensgeber ein bisschen stolz und besonders wegen des gebrochenen Herzens auch ein wenig traurig, weil man sich selbst eine solche Todesursache nicht gerne vorstellt. Jetzt spreche ich aber schon vom Tod, obwohl ich über meine Geburt noch kaum was gesagt habe.

Das Geburtshaus Forsterplatz 3 war im damaligen Sinne ein hochherrschaftliches Haus, im Besitz des jüdischen Bankdirektors Meyer, der meinen Eltern nach ihrer Verheiratung im Jahre 1919 eine Wohnung im Dachgeschoss vermietete, die zwar das Attribut hochherrschaftlich nicht mehr so ganz verdiente, die aber geräumig, sauber und vor allem billig war. Erinnerungen an Haus und Wohnung sind bei mir nur noch schemenhaft vorhanden. Mit Sicherheit aber weiß ich, dass die Treppe bis zu uns hinauf mit bunt gemusterten Läufern ausgelegt und diese mit funkelnd glänzenden Messingstäben festgehalten waren. Wahrscheinlich sehe ich die heute im Geiste noch so genau vor mir, weil ich die Treppen nur zu oft auf allen Vieren bewältigt habe.

Forsterplatz –
Das dritte Haus links
ist die „Nummer 3",
rechts ist das
Gymnasium

117er Ehrenmal
vor der feierlichen
Enthüllung am
2. Juli 1933

Nach der Enthüllung

Christuskirche – konsekriert am 2. Juli 1903

„Prachtboulevard" Kaiserstraße

Bliebe noch zu vermerken, dass man damals noch als „Hausgeburt" in eben jenem Hause und nicht in irgendeiner Klinik das Licht der Welt erblickte. Die stadtbekannte Hebamme Pennrich, die gerade um die Ecke herum in der Schulstraße wohnte, der nicht minder bekannte Gynäkologe Dr. Max Müller, an dessen Grab auf dem Mainzer Hauptfriedhof ich oft vorbeikomme und zu dessen Seelenruhe ich dann ein kurzes „und das ewige Licht leuchte ihm" zum Himmel schicke, und, nicht zu vergessen, diverse Tanten,

Gut genährt hat der kleine Karl-Heinz die ersten Jahre am Forsterplatz überstanden

die die für eine Geburt seinerzeit wohl unerlässlichen heißen Tücher bereiteten, sorgten dafür, dass genau am 8. September der kleine Karl-Heinz, der somit seinen Geburtstag auf alle Zeit mit der Heiligen Maria gemeinsam hat, im Gaadefeld ankam.

Nun muss ich ehrlich gestehen, dass dieser Akt ja am äußersten Rande des Gaadefelds stattfand, denn damals wie heute war und ist die Kaiserstraße die Demarkationslinie zwischen Alt- und Neustadt. Wäre ich später nicht noch weiter ins Innere vorgedrungen, hätte ich als „Grenzbewohner" gar nicht den Mut aufgebracht, mich als Gaadefelder zu rühmen.

Die genannte Kaiserstraße, damals die Mainzer Prachtavenuc, mit ihrem vom Frühling bis zum Herbst stets wechselnden reichhaltigem Blumenschmuck und einem kaum wahrzunehmenden Autoverkehr, war für die ersten kindlichen Ausfahrten wie geschaffen. Im Kinderwagen, zu dem auch die Gaadefelder nur „Scheesje" sagten, und im nächsten Sommer wohl schon mit dem „Drickerche" oder etwas vornehmer sogar „Sportwagen" genannt, bin ich auf diesem Boulevard herumchauffiert worden, einschließlich Umrundung der Christuskirche, die damals noch nicht mal 25 Jahre alt war. Von da war's ja auch nicht mehr weit zur Rheinpromenade, die man gefahrlos durch das Kaisertor erreichen konnte und wo man dann die Wahl hatte entweder nach rechts abzubiegen, um gewissermaßen im Schutze des neutral dahinfließenden Rheinstroms von der Neustadt unbemerkt in die Altstadt zu wechseln oder man bewegte sich nach links, blieb also in der „Heimat" und spazierte auf der gleichen Promenade in Richtung Feldbergtor. Auch damals war die danebenliegende Taunusstraße eine der schönsten Mainzer Wohnlagen, längst aber nicht so beschaulich wie heute, denn wo sich jetzt am Rheinufer wenn auch nicht besonders vorzeigbare Grünanlagen und Ruhebänke befinden, standen bis lange nach dem Zweiten Weltkrieg Lagerschuppen und -hallen Mainzer Spediteure, die noch per Schiff beliefert wurden und wo natürlich anhaltende Betriebsamkeit und pulsierendes Geschäftsleben herrschten.

Kindergarten am Feldbergplatz

Mitten in diese Zeit hinein fiel der erste Umzug – weg vom Forsterplatz in die Feldbergstraße 20, ein Eckhaus an der Wallaustraße. Das dürfte Ende des Jahres 1931 gewesen sein und von da an gibt's natürlich echte und markante Erinnerungen. Während die Gegend um den Forsterplatz, der übrigens 1933 in Horst-Wessel-Straße und 1945 in 117er Ehrenmal umgetauft wurde, trotz des gegenüberliegenden Gymnasiums eine ruhige und eher langweilige Ecke war, hier am neuen Domizil war mehr los! Auf die Kreuzung Feldberg/Wallaustraße stieß auch noch die Illstraße, es gab Läden aller Branchen, vom Latscha über Bäcker, Metzger, Schreibwarengeschäft bis hin zum „Reichert", ein Unikum, der quasi mit fast allem handelte was man sich vorstellen kann, eine Ramschbude, wie sie heute in deutschen Landen wohl kaum mehr anzutreffen ist.

Bis zum Eintritt in die Volksschule durfte ich den Kindergarten am Feldbergplatz besuchen, der übrigens in seiner backsteinge-

Feldbergstraße – Blick vom Feldbergplatz

Feldbergplatz – Blick über Rheinallee Richtung Rhein

13

mauerten Bauweise heute noch genauso existiert wie damals, nur dass er mittlerweile „Kindertagesstätte" heißt. Kindergarten – das bedeutete ein Stück Freiheit. Allein der Weg dorthin, zunächst noch an der Hand der Mutter, später dann ganz allein, brachte nicht nur die erste Selbständigkeit, sondern täglich auch einen Haufen neuer Erlebnisse und Eindrücke. Man begegnete Tag für Tag Menschen, die einem mit der Zeit vertraut wurden: der Milchmann, der mit seinem Handkarren von Haus zu Haus zog, der im blütenweißen Kittel gewandete Verkäufer von Latscha, stets darauf bedacht, seine Obst- und Gemüsesteigen kundenfreundlich vor dem Laden aufzubauen oder der Briefträger, seiner tadellos sitzenden Uniform wegen nicht nur Überbringer der Postsachen, sondern zugleich auch Respekt ausstrahlende Amtsperson, vor der man nahezu ähnlich Regatt hatte wie vor dem Schutzmann. Nicht zu vergessen die Hunde, denn es ist ja eine alte Weisheit: dort wo Briefträger sind, sind auch Hunde. Täglich liefen einem immer die gleichen Köter über den Weg, zutrauliche, mit denen man gern spielte oder grimmig aussehende, laut bellende, vor denen man sich fürchtete und um die man lieber einen großen Bogen machte. So war man schon vollgestopft mit wirkungsvollen Eindrücken bis man den Feldbergplatz und den dort stationierten Kindergarten erreicht hatte. Und man trug ja nicht nur die neu erworbene Verantwortung für sich selbst, sondern auch das Frühstück. Ich erinnere mich noch gut an mein beigefarbenes Bastkörbchen, das mir mittels eines hellbraunen Lederriemchens um den Hals hing und in dem meine Vormittagsverpflegung, regelmäßig bestehend aus einem Doppelstück Butterbrot und einer Banane, einer Birne oder einem Apfel, verstaut war. Ob man mirs glaubt oder nicht: noch heute sehe ich, wenn mir Bananengeruch in die Nase kommt, vor mir das Bastkörbchen mit dem hellbraunen Lederriemchen! Die Bananen schmeckten damals aber auch besser als heute, obwohl sie eine längere Transportzeit hinter sich hatten oder vielleicht gerade deswegen.

Unter der Obhut der römischen Legionäre ließ es sich am Feldbergplatz gut fotografieren

Der Kindergarten selbst, dem ich nur vormittags meine Anwesenheit erlaubte, war für mich faszinierend. Ich war ja ein Einzelkind, aber um das vorweg zu sagen alles andere als „en verweehnte Bankert", und die einzigen Kinder, die in meinem bisherigen Leben vorkamen, waren die zwei Cousinen Lieselotte und Gustel, zwar beide liebe Mädchen – aber halt Mädchen! Und in „de Kinnerschul" kam man auch mit Jungs zusammen, Gaadefelder Bube, wenn auch nicht aus dem tiefsten „Indianervertel", so aber doch handfeste Kerlchen, mit denen das Zusammensein Freude machte. Dann waren da noch die „Tanten", die Kindergärtnerinnen, nette, aufgeschlossene junge Mädchen, vor denen man keine Scheu hatte, nicht Respekt, sondern Zuneigung, denen man blindlings vertraute, weil sie nur schöne Sachen mit uns veranstalteten: spielen, singen, turnen, spazieren gehen. Ganz im Gegensatz zur späteren „großen Schule", wo ja nicht umsonst betont wurde, dass jetzt der „Ernst des Lebens" beginne. Um aber noch einen Augenblick beim Feldbergplatz zu bleiben, den ich wegen seines vielen Grüns, wegen seiner tollen Sandkästen geliebt habe, den ich auf einmal kannte wie meinen eigenen Hosensack, der immer wieder als Ziel von Spaziergängen mit der Mutter erkoren wurde und wo es sich auch vortrefflich fotografieren ließ, vor allem an den wohl den alten Römern gewidmeten Gedenksteinen, die dem Platz geradezu etwas Edles verliehen. Außerdem war er stets in gepflegtem Zustand, für die Mütter mit ihren Bälgen eine angenehme Ruhezone. Obwohl die Stadt Mainz in den 20er und 30er Jahren ärmer dran gewesen sein dürfte als heute, ist das jetzige Befinden im Gegensatz zu jener Zeit mehr als erbärmlich.

Es hat zwar kaum etwas mit dem Gaadefeld zu tun, aber dennoch möchte ich hier ein kleines Episödchen einfügen, weil es immerhin auch in einem Kindergarten stattfand. Allerdings dreißig Jahre später und der „Begünstigte" war inzwischen mein Söhnchen Dietmar. „Begünstigter" deshalb, weil er es nun mit netten und zudem hübschen Kindergärtnerinnen zu tun hatte.

16

Ich selbst war insoweit an diesem „Gartenbetrieb" beteiligt, als ich meinen Sohn täglich dort, das heißt im „Haus der Jugend", morgens ablieferte und am Nachmittag wieder abholte. Ich sah die Kindergärtnerinnen natürlich mit ganz anderen Augen an, nämlich mit denen eines rüstigen Enddreißigers. Selbstredend entwickelte sich mit einer dieser attraktiven Gärtnerinnen ein kleiner und, ebenso selbstredend, harmloser Flirt. Und da passierte eines Tages Folgendes: eben diese Dame kam mir mit meinem Sohn an der Hand entgegen, um ihn mir zur Abholung freundlich und ich meine sogar ein wenig kokett, zu übergeben. In diesem Augenblick erblickte ich den offenen Schuh meines Buben, ging blitzschnell in die Knie und band den Schnürsenkel gekonnt zu einer Schleife. Da fuhr mir mein Dietmar mit seiner Hand zärtlich über den Kopf, insbesondere über die sich dort langsam bildende Tonsur und sprach unschuldsvoll-freudig aber deutlich vernehmbar: „Mein Papa hat ein kleines Glatzköpfchen!" Ich weiß noch heute, dass ich anlief wie eine Tomate, das Kichern der verehrten Kinderbehüterin klang in meinen Ohren wie spöttisches Hohngelächter und ich verließ den Kindergarten mit der Erkenntnis, dass an dem Spruch „Kleine Sünden bestraft der liebe Gott sofort" offenbar doch was dran ist. Ich war noch gekränkt, bis wir zu Hause waren in der Neckarstraße, also doch im Gaadefeld! Übrigens hat sich die Beziehung zu Kindergärten in meiner Familie dann derart hartnäckig durchgesetzt, dass meine Tochter Margit „Erzieherin" sogar zum Beruf gewählt hat, wobei ich ehrlicherweise sagen muss: „Kindergärtnerin" gefällt mir besser.

Reste des alten Gartenfelds

Mit dem Umzug in die Feldbergstraße war man natürlich ein gutes Stück den noch vorhandenen Resten des alten Gartenfelds näher gerückt. Hier sollte vielleicht mal gesagt werden, dass der Begriff „Gartenfeld" aus der Zeit herrührt als Mainz noch Bundesfestungsstadt war und der nördlich der Kaiserstraße gelegene

Stadtteil nicht normal bebaut werden durfte, also nur aus Gärten und niedrigen Häuschen, die die Schusslinie nicht beeinträchtigten, bestand. Erst der Stadterweiterungsvertrag zwischen der Stadt Mainz und der Festungsverwaltung von 1872 machte den Weg zur Neustadt frei und der damals amtierende und heute noch oft genannte Stadtbaumeister Eduard Kreyßig konnte sein Bebauungskonzept verwirklichen.

Wie gesagt, es waren nur Reste des ursprünglichen Gartenfelds, die ich noch kennen lernen durfte und all diese Überbleibsel, erwecken in der Erinnerung noch heute einen Hauch von Romantik. Da war zum Beispiel die schon genannte Wallaustraße mit dem zum Teil heute noch tiefer gelegenen Straßenniveau, die noch gar nicht so lange diesen Namen trug, denn der Herr Friedrich Karl Wallau ist erst 1877 verstorben und war davor nicht nur mal MCV-Präsident sondern auch Oberbürgermeister von Mainz. Vorher hieß die Straße, die eine sehr stattliche gewesen sein soll, Zwetschgenallee. Wenn man sich nur vorstellt, wie sich diese Allee zur Baumblüte ausgenommen und wie viel reife blaue Früchte sie im September für saftigen „Quetschekuche" hergegeben hat, dann braucht man überhaupt nicht mehr besonders zu erwähnen, dass dort auch die Fundstelle der bekannten Jupitersäule war.

Wenn wir dort in der Nähe bleiben, da gab's und gibt's immer noch den Emmausweg, der übrigens eine interessante Geschichte hat. Sein Name rührt zwar von dem Ostergang zweier Jünger Christi „nach Emmaus" her, doch es gingen im Mittelalter auch Prozessionen zu der dort gelegenen St. Theonest-Kapelle hin, in deren Nachbarschaft eine Kneipe gestanden haben muss, denn nach den frommen Umzügen soll auch kräftig getanzt und getrunken worden sein. Und da die Mainzer dafür bekannt sind, schnell ein geflügeltes Wort zu erfinden, hat sich seinerzeit die Redensart eingebürgert: „Wohin? Nach Emmaus ins Wirtshaus".

Als ich unlängst im Frühjahr 2001 durch den Emmausweg schlenderte, entdeckte ich auf einen Stein lässig hingesprayt das

18

Wallaustraße,

Raupelsweg

und Emmausweg vor
dem Zweiten Weltkrieg

19

Wort „SEX". Ob der Hinweis unbedingt auf die „post-prozessionären" Gelage abhob, will ich bezweifeln. Aber ganz ausschließen kann man's auch nicht, denn die Gaadefelder „vun Fuffzeehhunnertdunemal werrn aach nit besser gewese soi wie heit!"

Wenn ich jetzt noch verrate, dass es in diesem 15. Jahrhundert dort sogar Weinberge gab, dann kann man eigentlich nur noch zu dem Schluss kommen: Gesegnetes Gaadefeld!

Typisch gartenfelderisch war zu meiner Jugendzeit auch noch der Raupelsweg, der selbst heute noch Spuren an die alte Zeit aufweist: Von der Heinrich-Heine-Straße aus, am schönen Neubau des Martinsstifts vorbei, geht's auch hier sanft in die Tiefe, also auf Gaadefeldebene, und man erreicht am anderen Ende über eine Treppe die wieder höher gelegene Goethestraße. Der Name soll übrigens auf einen Gärtner Raupel zurückzuführen sein. Und sicherlich zur Enttäuschung manch frommer Gonsenheimer hat dem Vernehmen nach im Raupelsweg schon viel früher eine St. Wendelinuskapelle gestanden als im Gonsenheimer Wald. Sie ist allerdings schon 1793 bei der Belagerung zugrunde gegangen ebenso wie, man höre und staune, ein kleines Schlösschen mit Kolonnade. Wenn das alles jetzt ein Vilzbacher liest, dann wird er vor

Die MAKEDON – Zigarettenfabrik am Zollhafen

Staunen den offenen Mund nicht mehr zubringen. Und ich füge darum noch dazu, dass wir im Gaadefeld bis in die Neuzeit auch eine eigene Zigarettenfabrik hatten, die „Makedon" am Zollhafen, die hunderte von Vilzbachs hätte mit Glimmstängeln eindecken können. Diese Fabrik war übrigens eine weitere Quelle, wo, wie ich dann weit nach der Kindergartenzeit feststellen konnte, täglich beim Feierabend reizende junge Mädchen heraussprudelten.

Das Gaadefeld hätte also nötigenfalls eine eigene Carmen aufzubieten gehabt!

Schulpflicht in der Goetheschule

Aber von jener zigarettenfabrizierenden Operngestalt wusste ich noch nichts am 1. April 1933, dem Tag, an dem meine Schulpflicht in der Goetheschule begann. Es war was ganz anderes als der Kindergarten: An die Stelle des Bastkörbchens trat ein Schulranzen mit Schiefertafel und Schwamm, statt der weichherzigen Kindergärtnerin gab es einen gestrengen Lehrer und das Pausenbrot war jetzt mit Wurst belegt, denn man sollte ja groß und kräftig werden. Die soziologische Zusammensetzung in der Volksschulklasse entsprach nicht mehr der des Kindergartens. Weil für den letzteren eine Art Gebühr gezahlt werden musste, war er für die Kinder sozial schwacher Eltern nicht zugänglich, während an der Pflichtschule alle teilnahmen. Mein Vater war alles andere als reich, er war ein kleiner Beamter bei der Allgemeinen Ortskrankenkasse, verfügte also über ein bescheidenes aber immerhin regelmäßiges Einkommen. Und bei vielen der neuen Mitschüler konnte man schon am Äußeren sehen, dass sie zu einer ärmeren Schicht gehörten, möglicherweise zählten ihre Väter sogar zu der großen Masse der Arbeitslosen. Wenn ich eben von Wurstbroten sprach, dann war das auch nicht das Frühstück aller; es gab auch Schulkameraden, die hatten ein Doppelstück nur mit Gelee dazwischen, ohne Margarine oder gar Butter. Das waren Fakten, die man als Sechsjähriger natürlich nicht ernsthaft wahrnahm. Zu

Im Matrosenanzug – aber wasserscheu!

Goetheschule

Schillerschule

beurteilen vermochte ich allerdings die unterschiedliche Kleidung. So weiß ich noch sehr genau, dass ich die Kluft, die ich am ersten Schultag trug, keinesfalls ein zweites Mal anziehen wollte. Und da ich an jenem Tag von einem Fotografen in der Schulbank abgelichtet wurde, ist mir dieses Foto noch nach Jahren immer wieder in die Finger gefallen und es hat damit die Erinnerung daran wach gehalten, dass obenher mein Outfit aus einem weißen Hemd, einer Strickkrawatte und einer dunkelblauen Bleyleweste mit Goldknöpfen bestand. Erst als ich spürte, dass ich und auch andere ähnlich herausgeputzte Knaben von den übrigen Schulkameraden von oben bis unten weniger bewundernd als eher verächtlich betrachtet wurden, da bestand ich hartnäckig auf anderen Klamotten. Meine Mutter wollte da partout nicht mitmachen, die hätte mich wohl gern auf dem Laufsteg einer Kindermodenschau gesehen. Gott sei Dank aber sprach mein Vater ein Machtwort und ich durfte dann künftig in einfacherer Montur zur Schule gehen.

In den Schulklassen waren also alle im Gaadefeld vertretenen gesellschaftlichen Schichten vertreten: Söhne von einfachsten Arbeitern, von Angestellten, Beamten, Handwerksmeistern, Geschäftsleuten, Lehrern. Und so wie es in der Goetheschule war, dürfte es in den übrigen Mainzer Volksschulen ähnlich ausgesehen haben, auch in der ebenfalls zum Gaadefeld gehörenden Schillerschule in der früheren Schulstraße, heute Adam-Karrillon-Straße. Ich erwähne das deshalb, weil Carl Zuckmayer in seiner Biografie „Als wär's ein Stück von mir" von den Volksschülern aus der Schulstraße ein geradezu schreckliches Bild zeichnet. Dem Schriftsteller, den ich im Übrigen so hoch verehre wie keinen anderen und dessen wundervolle Lebensbeschreibung ich bestimmt schon zehnmal gelesen habe, blieb selbst die Volksschule erspart, weil er als Vorschüler die Elementarklassen des Humanistischen Gymnasiums besuchte. Er musste aber damals, genauer gesagt von 1902 an, um von seinem Elternhaus am Bonifaziusplatz zum Gymnasium zu kommen, die Schulstraße passieren. Und das hört sich in seinem Buch so an: „Auf dem Schulweg jedoch musste man an der ‚Volksschule' der Mainzer Neustadt vorbei, und dort hausten die ‚Bittel'. So nannte man in Mainz die Söhne der weniger begünstigten Stände, der Arbeiter, Handwerker, kleinen Leute, deren Eltern sich nicht das teure Schulgeld für eine höhere Lehranstalt leisten konnten…". Es folgt dann eine Aufzählung wüster Tätlichkeiten, mit denen die „Bittel" die „besseren Söhne" heimsuchten: bespucken, Rossäpfel ins Genick werfen, den Schlupp am Matrosenkragen abreißen oder die Bänder von der Kappe und Ähnliches mehr. Was soll man heute zu den schrecklichen Erlebnissen unseres späteren Ehrenbürgers sagen? Erstens lagen sie dreißig Jahre vor meiner eigentlich doch recht gesitteten Schulzeit, wobei ich dennoch daran zweifle den Schluss ziehen zu müssen, unsere Gaadefelder Vorfahren wären kurz nach der Jahrhundertwende die reinsten Rüpel gewesen. Zweitens könnte

Das Grab Carl Zuckmayers in Saas-Fee

es sein, dass der Gymnasiast Carl durch seine betont vornehme Kleidung den Gaadefeldern „Bitteln" nahezu ein Dorn im Auge war. Oder hat drittens der angehende Dichter möglicherweise in „Fröhlicher Weinberg"-Manier die Volksbuben derart gehänselt, wie er später den Herrn Gunderloch verärgert hat. Und man konnte von den Gaadefelder „Krawallmachern" wohl kaum mehr literarische Voraussicht erwarten als von seinen ehemals Nackenheimer Mitbürgern, die bei der Erstaufführung des „Weinbergs" in Mainz mit gehässigen Transparenten vor das Stadttheater gezogen sind. Aber auch Nackenheim verzieh seinem Sohn und machte ihn zum Ehrenbürger. Folglich sollten auch die Gaadefelder „Bittel" verzeihen, und ich für meine Person verspreche, bei meiner nächsten Schweizreise wieder die letzte Ruhestätte Carl Zuckmayers in Saas-Fee zu besuchen. Das war zwar eine kleine Abschweifung, aber ich wollte sie beim Thema Gaadefeld nicht aussparen.

Für mich, den frischgebackenen ABC-Schützen, war jener 1. April 1933 ein besonderer Tag, nicht nur wegen der Einschulung, sondern auch „gaadefeldmäßig". Letzteres soll heißen, dass ich von da an ein völlig neues Gebiet unseres Stadtteils kennen lernte. Jetzt hatte ich einen Schulweg, der sich durch die Feldbergstraße über den Sömmeringplatz, durch die Jakob-Dietrich-Straße, Leibnizstraße bis zur Colmarstraße, in der sich der Eingang zur Knaben-Goethe-Schule befand, hinzog. An dieser Stelle muss ich zu meiner Ehrenrettung gegenüber allen määnzerisch babbelnden Gaadefeldern unbedingt festhalten, dass ich das Wort „Goethe", so wie man es schreibt, nur bei hochoffiziellen Anlässen auch so ausgesprochen habe; ansonsten sagte man „Geedee" und so sage ich es heute noch! Obwohl ich das Sprechen Mainzer Dialekts nur von meiner Mutter her kannte, mein Vater kam aus Köln und sprach Hochdeutsch mit rheinländischer Färbung, habe ich mich auf unsere Mundart eigentlich schnell eingestellt. Wenngleich ich mir auch von Freunden, die meinen Vater und seine Art zu sprechen kannten, immer wieder den nachgeäfften Satz anhören musste: „Jarl-Heinz, haste en Bongbong jefrühstückt?" Obwohl mein Vater einen solchen sinnlosen Satz niemals ausgesprochen hat, dauerte es Jahre, bis die Kerle von diesem Verhohnepipeln abließen. Und grade deshalb: „Geedee" bleibt „Geedee"!

Die „Geedee-Schul" besuchte ich bis zur Vollendung des 8. Schuljahres, unterbrochen von 1937–1938, da war ich nämlich am Bischöflichen Gymnasium Marienschule. Nach der Goethe-schule absolvierte ich zwei Jahre die Handelslehranstalt, die aber lag nicht im Gaadefeld, deshalb hat sie auch hier nichts zu suchen!

Als Spielplätze dienten die Gräben

Dafür gab's aber so viel anderes zu entdecken, Orte, die uns Buben anlockten und die uns jahrelang als Spielplätze dienten, die „Gräben". Das waren die noch nicht bebauten, zwischen den einzelnen Häuserblocks tiefer liegenden Flächen, verwildert, bewachsen mit allerlei Gesträuch und Gestrüpp. Abenteuerspiel-plätze würde man heute drüber sagen, die sich im Winter sogar zu bescheidenen Rodelpartien anboten. „Treffe mer uns heit mittag im Grabe?", war eine hundertfach gestellte Frage und man kam in diesem bisschen Natur auf ebenso hundertfache Spielideen. Dazu gehörte das gegenseitige Bewerfen mit den dort wachsenden „Kletten", kleine kugelförmige Samenknoten, die die Eigenschaft hatten, sich in Wollpullovern so festzukrallen, dass man sie kaum wieder los wurde – wie e Klett! Wo waren diese begehrten Grä-ben? Zwei sind mir noch in bester Erinnerung: der eine entlang der Nackstraße zwischen Josef- und Lessingstraße und der andere hinter dem damaligen Arbeitsamt, wo heute die Ortsverwaltung Neustadt ihren Sitz hat, umgrenzt vom Lessingplatz und der Ja-kob-Dietrich-Straße. Und wenn man sich in dieser Straße heute beispielsweise die Häuser Nummer 14 und 16 betrachtet, dann sieht man, dass die nur über abwärtsführende Treppen erreichbar sind, weil sie nämlich auf dem Niveau des ehemaligen Grabens errichtet wurden.

Da war ganz in der Nähe, in der Nackstraße, das Schreibwarengeschäft Zulehner, wo wir alle Schulhefte, Griffel, Bleistifte et cetera gekauft haben und dessen Name ich nie vergessen werde, weil bekanntlich ebenfalls ein Mainzer namens Zulehner 1842 den „Narrhallamarsch" komponiert hat. Da war aber auch ein Stück weiter die „Schulbäckerei", ich glaube sie hieß Heider, wo man öfters nur betrübt davor stand, weil man kein Geld für einen Nappo hatte, als dass man in den Laden als zahlungskräftiger Kunde hineingegangen wäre.

Ich lernte nicht nur andere Straßen, Plätze und Ecken kennen, sondern auch andere Menschen, Lehrer und Klassenkameraden. Mit den Paukern hatte ich Glück, ob es sich der Reihe nach um die Herren Haupt, Waldschmitt oder Wießler handelte, sie waren humane Erzieher, streng aber gerecht. Für unsere ersten Schuljahre war Lehrer Haupt genau der Richtige. Mir ist er als weichherziger und einfühlsamer Mensch in Erinnerung, er faszinierte nicht nur durch seine stets elegante, modische Kleidung, er gefiel uns auch wegen seines außergewöhnlichen Hundes, den er oft mit in den Unterricht brachte: ein schnittiger Windhund, der brav dem Unterricht beiwohnte, sich aber wohl meistens langweilte. Als wir später von Lehrer Waldschmitt „übernommen" wurden, waren wir schon etwas älter und – ungezogener. Er musste erheblich mehr Durchsetzungsvermögen aufbringen als sein Vorgänger, was ihm auch gut gelang, ohne dabei besonders grob zu werden. Das hätte wohl seine virtuose Musikalität nicht zugelassen, die selbst dem Sportunterricht in der Goetheschulturnhalle, in die ich übrigens erst lange nach dem Krieg bei einer Rosenmontagszugaufstellung wieder mal hineingeraten bin, ihren Stempel aufgedrückt hat, indem er uns regelmäßig vor den Übungen an Reck und Barren unter seinem lauten und markanten Klavierspiel durch den Turnsaal scheuchte und wir noch lauter das Lied schmettern mussten „Turner auf zum Streite, tretet in die Bahn…". Der Herr Waldschmitt war aber auch der exzellente Organist von St. Bonifaz und als ich

Der „Graben" an der Nackstraße (1937)

dann später dort Messdiener wurde, habe ich oft den letzten Orgelklang abgewartet, um ihm raffinierterweise dann an der Türe zur Empore ganz „zufällig" zu begegnen und ihn ehrerbietigst zu grüßen. Ich glaube heute, dass er mich schon beim zweiten Mal durchschaut hat. Übrigens sagt man in Määnz zu solchen Heimtückischkeiten „anbabbe"! So was wäre mir bei Herrn Wießler nie eingefallen. Jetzt gilt es, auch dem Dritten im Bunde, der uns bis zur Schulentlassung im Frühjahr 1941 leitete, die nachträgliche Reverenz zu erweisen. Lehrer Wießler ist kurz zu beschreiben: korrekt, streng und dennoch gütig. Sein Vogelgesicht ließ ihn auf den ersten Blick schlimmer aussehen als er in Wirklichkeit war. Und dass wir, damit meine ich jetzt meinen damaligen Schulfreund Kurt Heeb und mich, ihm einmal einen schlechten Streich spielten und ihm womöglich eine schlaflose Nacht bereitet haben, bereue ich heute noch. Es war im Sommer 1939, also im vorletzten Schuljahr, als wir einen Klassenausflug unternahmen, der uns zwar zunächst über die Kaiserbrücke führte, dessen endgültiges Ziel uns beiden allerdings unbekannt blieb – denn wir hatten uns mitten auf der Brücke abgesetzt. Das heißt, wir verschwanden sang- und klanglos und vor allem unbemerkt über die dort befindliche Treppe hinab auf die Petersaue. Ohne meine Hände nach über 60 Jahren noch in Unschuld waschen zu wollen: ich schwöre, dass diese Idee nicht ich, sondern der Kurt hatte. Der hatte übrigens des Öfteren „de Deiwel im Leib" und er verfügte stets über Geld; seine Eltern hatten eine Metzgerei in der Neckarstraße und Kurtchen war der Liebling seiner Mutter. Auch an jenem Ausflugstag hatte er genügend „Möpse" dabei und er erklärte mir, nachdem die Klasse samt Lehrer Wießler außer Sichtweite war: „Jetzt mache mer nach Amöneburg Verpflegung einkaafe und koche uff de Au ab!" Dann richteten wir uns an der südlichen Auspitze „lagerfeuermäßig" ein, kochten tatsächlich irgendeine Suppe in irgendwelchen Dosen, die Kurt ebenfalls organisiert hatte, wurden den ganzen Tag von keinem Menschen behelligt und fühlten uns frei wie die Vögel in Gottes herrlicher Natur. Meinen Eltern habe ich am Abend etwas von einem gar nicht erlebten Ausflug vorgegaukelt. Am nächsten Morgen in der Schule verlor Herr Wießler nicht viel Worte, er schickte uns vor die Klassentür, kam eine Minute später mit seinem Rohrstock nach und versohlte uns zweien die Hintern nach Strich und Faden. Unsere Eltern haben von der ganzen Angelegenheit aber nie etwas erfahren.

Das war der einzige „Abzug", den ich in der Schule erhalten habe; von unseren Volksschullehrern war eigentlich keiner ein Draufhauer. Im Gegensatz zum „Plattkopp Zimmermann", dem verhassten Lehrer unserer Parallelklasse, der eine geradezu sadistische Strenge handhabte.

Da war der Schritt zum Kasernenhof nur ein kleiner, und die Kaserne hatten wir ja direkt hinter der Schule, die Alice- oder wie sie die Mainzer lieber nannten, die 117er-Kaserne. Von außen sah sich der 1903 vollendete Neorenaissancebau eigentlich gut an. Aber wie's da drinnen aussah, in den Stuben, Korridoren und Höfen einschließlich des als Exerzierplatz genutzten Goetheplatzes, der sich damals noch hässlicher präsentierte als heute, war, sagen wir's mal so, Geschmacksache. Drill, Strammstehen, Kasernenhofton, Schikanen – das bekamen wir ja alle mit, weil wir neugierig den militärischen Betrieb beobachteten. Die Einstellung hierzu war von uns Buben allerdings unterschiedlich: Die einen fanden Uniformen chic, das schneidige Exerzieren als eine Art von Sport, standen also dem Ganzen positiv gegenüber, während andere die Schreierei der Unteroffiziere als ekelhaft empfanden und die vielfach idiotischen Befehle als Menschenschinderei erachteten. Ich selbst gehörte, um es vorsichtig auszudrücken, eher zu denen, die nicht gerade zum begeisterten Soldaten geboren waren. Dass wir aber irgendwann mal in einer Kaserne landen würden, war uns allen klipp und klar. Ab etwa dem 12. Lebensjahr hatte uns Jungvolk und Hitler-Jugend ohnehin unter der Fuchtel, die „vormilitärische Ausbildung" wurde dort langsam aber sicher eingeleitet. Doch darüber an anderer Stelle noch etwas mehr.

Noch spielten wir unorganisiert in den Gräben, wo man das „Knobeln" mit fünf kleinen, selber ausgesuchten glatten Steinen lernte, die durch das ständige Mitherumtragen im Hosensack schön speckig wurden. Aber auch auf den Trottoirs und selbst auf den Fahrbahnen wurde „gehickelt", wobei man eine leere Schuhwichsdose auf einem Bein, also hickelnd, über mit Kreide auf den Boden gezeichnete Felder schieben musste. Da gab es noch so ein „Kreidespiel", das man sich in der heutigen Zeit überhaupt nicht mehr vorstellen kann. „Deutschland erklärt den Krieg gegen..." hieß das. Dazu wurde, ebenfalls mit Kreide, ein großer Kreis auf den Asphalt gemalt, der wurde zweimal halbiert, so dass vier Mitspielern je ein Viertel „gehörte". Diese Segmente erhielten Ländernamen: vor allem Deutschland und dann noch drei weitere, zum Beispiel Frankreich, England, Polen. Jetzt verkündete Deutschland seine „Kriegserklärung" gegen einen der drei übrigen „Staaten" und wer dabei die Nerven verlor und wegrannte, musste ein Stück seines Landes „abtreten", was durch entsprechende Kreidemarkierungen dokumentiert wurde. Ich glaube nicht, dass dieses „Spiel" auf dem Mist der Nazis gewachsen ist, es dürfte eher ein Überbleibsel aus der säbelrasselnden Kaiserzeit gewesen sein.

Das alles geschah auf den Straßen des Gaadefelds, die, spätestens wenn die Hausaufgaben gemacht waren, sich fest in unserer Hand befanden, da flitzten wir mit den Rollern um die Ecken, spielten zwischendurch „Nachlaaf" oder „Versteckelches", wenn nicht gerade „en handfeste Gassekrach" die Szene beherrschte.

Die Flucht in die Josep-Straß

Mit sofortiger Wirkung entlassen

Meine unschuldige Neugier, immer mehr vom noch vorhandenen Gaadefeld kennen lernen zu wollen, sollte schnell und bitter befriedigt werden. Am 28. September 1933, also fast acht Monate nach der Machtübernahme durch die Nazis, kam mein Vater nach Feierabend von der AOK nach Hause und brachte ein Schriftstück mit, nach dem er am gleichen Tag mit sofortiger Wirkung entlassen war. Wie aus dem Schreiben vom gleichen Tage hervorging, erfolgte die Entlassung „nach § 4 des Gesetzes zur Wiederherstellung des Berufsbeamtentums vom 7. April 1933". Dabei war mein Vater 1919 – nach Teilnahme am Ersten Weltkrieg – bei der AOK eingetreten, hat die vorgeschriebene Prüfung abgelegt und ist am 1. Juli 1921 fest eingestellt worden. Er war seit mehr als zwölf Jahren bereits Berufsbeamter – die „Wiederherstellung des Berufsbeamtentums" also eine Farce! Ehrlicher war da schon der Beschlussausschuss des Versicherungsamts der Stadt Mainz, der später feststellte: „Steeg habe, wie die politischen Akten auswiesen, noch nach der Machtergreifung durch Adolf Hitler gegen die nationalsozialistische Regierung demonstriert." Das alles hört sich heute, fast 70 Jahre danach, weniger dramatisch an als es in Wirklichkeit war und wie ich es als damals Siebenjähriger tatsächlich schon registrierte. Ich hatte natürlich auch vorher bereits mitbekommen, dass mein Vater und seine Freunde gegen das neue Regime eingestellt waren. Da gab es in der so genannten Kampfzeit, das waren die letzten Jahre vor 1933, auch auf den Straßen des Gartenfelds immer wieder Zusammenstöße zwischen den Kampftruppen der einzelnen Parteien, der SA von den Nazis, dem „Reichsbanner Schwarz-rot-gold!" von der SPD, der „Rotfront" von den Kommunisten, bis man plötzlich das Überfallkommando der Polizei hörte, das sich nicht durch Martinshorn sondern durch lautes Glockengebimmel bemerkbar

Josefstraße zwischen Leibnizstraße und Nackstraße (1937) „Fast wie im Allgäu!"

machte und das den Krawallen mit Gummiknüppeln ein Ende machte. Während draußen eine solche Stimmung herrschte, waren in unserer Wohnung in der Feldbergstraße oft Gesinnungsgenossen meines Vaters zusammengetroffen, zu denen auch mein „Onkel" Hermann Wolff, ein führender Mainzer Gewerkschafter, gehörte. Die Fenster des Wohnzimmers, so erinnere ich mich, waren mit Decken verhängt, damit kein Lichtstrahl nach außen fallen konnte und die Männer, allesamt Sozialdemokraten, hatten sich mit Spazierstöcken bewaffnet, sicherlich um sich gegen mögliche braune Eindringlinge wehren zu können. So weit aber ist es glücklicherweise nie gekommen. Gekommen aber war es zu der fristlosen Entlassung meines Vaters, dem es damit genauso erging wie vielen anderen Beamten und Angestellten des Öffentlichen Dienstes, zum Beispiel der Stadtverwaltung Mainz oder des Arbeitsamtes, der Mainzer Justizbehörden oder des Finanzamtes.

Diese Entlassung hatte zur Folge, dass meinem Vater künftig lediglich noch eine Rente von 104,83 Reichsmark zuerkannt wurde. Für die schöne Wohnung in der Feldbergstraße 20 war aber allein schon eine Miete von 55 RM fällig. Das bedeutete: panikartiges Verlassen der „Feudalwohnung" und Einzug in eines dieser kleinen romantischen Häuschen, wie sie im Gaadefeld einst üblich und von denen in der Josefstraße noch einige übrig geblieben waren. Die Nummer 18 hatte es uns angetan, dort vermietete die Malermeisterwitwe Müller die gesamte „Beletage", obendrüber gab's nichts mehr, für 29 RM, also immerhin 24 RM weniger als seither. Allerdings ohne elektrisches Licht, dafür Gasbeleuchtung, noch mit Strümpfchen in der Lampe, so richtig heimelig, wie im Märchen. Aber dafür hatten wir, wie gesagt, das Glück, plötzlich in einem der letzten Reservate des alten Gaadefelds zu leben. Wir hatten das niedrige Niveau, von dem ich schon wiederholt gesprochen habe, auch erreicht! Aber wir waren in guter Nachbarschaft: Rechts von uns, dort wo der „Kurze Hunikel" zum Hintereingang der Weinwirtschaft Sonnet führte, war das

ALLGEMEINE ORTSKRANKENKASSE MAINZ

POSTSCHECK-KONTO: Nr. 7367
FRANKFURT A. M.
FERNRUF: MÜNSTERPLATZ 30066

MAINZ, den 28.September 193³

Hintere Bleiche 59

Ihr Zeichen

Betrifft:

Ihre Nachricht vom:

Unser Zeichen:

Herrn

Gustav Eberhard Albert S t e e g ,

im H a u s e .

Betrifft: Ausführung des Gesetzes zur Wiederherstellung
des Berufsbeamtentums von 7. April 1933.

Auf Grund der gemachten Feststellungen hat der
Kassenvorstand am 28. September 1933 einstimmig Jhre Entlassung nach § 4 des Gesetzes zur Wiederherstellung des
Berufsbeamtentums vom 7. April 1933, mit sofortiger Wirkung
beschlossen.

Wir geben Jhnen hiervon Kenntnis mit dem Anfügen,
dass gegen die Entlassung unter Ausschluss des Rechtsweges
nur das Rechtsmittel der Beschwerde an die oberste Landes-
behörde zulässig und dass die Beschwerde innerhalb 2 Wochen
seit Zustellung der Entlassung bei dem Kassenvorstand anzu-
bringen ist.

Vorsitzender,

Das Unheil bringende Schriftstück, das die „Flucht in die Josep-Straß" auslöste

36

Anwesen des Schlossermeisters Landgraf, der eine, selbst meinen knabenhaften Schönheitsvorstellungen nach, außergewöhnlich hübsche Tochter hatte, und links von uns lagen Wohnhaus und Werkstatt des Spenglermeisters Hartmann, alles in der „Tiefebene". Von letzterem Grundstück ging verhältnismäßig viel Lärm aus, denn da wo mit Blech gearbeitet wird, wird auch gehämmert. Und wenn die Hämmer mal Pause hatten, hörte man es laut grunzen, entweder gemächlich zufrieden oder in den hellsten Tönen nach Futter schreiend, denn die Hartmanns, ein goldrichtiges gemütliches Ehepaar, hielten sich eine Sau. So haben wir bis Ende 1937 einige Schlachtfeste miterleben dürfen, an denen wir mit jeweils einer Kanne guter Metzelsupp' und ein paar kleinen Blut- und Leberwürstchen ehrlich partizipierten. Dafür brachte ich aber auch unsere sämtlichen Essensreste dorthin, denn für alle solche Gänge war, wie ich später noch berichten werde, natürlich ich zuständig. Nichtsdestoweniger sollten die heutigen Bewohner des großen Eckhauses Josefstraße 18 mal darüber nachdenken, dass vor etwas über 60 Jahren dort ein wirklicher Schweinestall mit all seinen dazugehörigen Gerüchen existierte. Da wehte Landluft, dafür lebte man im Gaadefeld!

Aber manche werden jetzt auch denken, wie konnte eine dreiköpfige Familie mit 104,83 RM noch Essensreste zu den Schweinen bringen, die hätte doch ihre Teller ratzebutz leer essen müssen. Ja natürlich, wenn es bei diesem Betrag geblieben wäre. Aber mein treusorgender Papa war nicht faul und hatte innerhalb kürzester Zeit mehrere Teilarbeitsstellen: im Central-Hotel und im Pschorr-Bräu machte er die Buchhaltung, für drei Viehhändler bearbeitete er alles Schriftliche und war zu diesem Zweck zweimal in der Woche an den Schlachttagen von morgens in aller Herrgottsfrühe bis zum späten Nachmittag im Schlacht- und Viehhof, der auch zum Gaadefeld gehörte und den ich auf diese Weise gründlich kennen lernte. Die diversen Pöstchen brachten natürlich „Kohle" ins Haus und es ging uns eigentlich nicht schlecht. Der fluchtartige Umzug

Die Häuser Josefstraße 18 und 16 mit dem „Kurzen Hunikelweg" in der Mitte im Jahr 1936

wäre schon nach ein paar Monaten nicht mehr nötig gewesen. Nur, eine andere Höhere Schule nach Schließung der Marienschule durch die Nationalsozialisten durfte ich nicht besuchen, nicht aus Geldmangel, sondern wegen der „politischen Unzuverlässigkeit" meines Vaters.

Jetzt muss ich mir aber noch Zeit nehmen, das wirklich romantische Viertel um die Josefstraße noch etwas genauer zu schildern und ich darf nicht vergessen zu erwähnen, dass wir inzwischen ans Stromnetz angeschlossen waren! Der Bürgersteig vor den Häusern 16, 18 und 20 verlief genau so, wie er heute noch verläuft – aber an seiner hinteren Grenze, dort, wo auch die private Grundstücksgrenze war, begann die schätzungsweise zwei Meter tiefe untere Ebene, senkrecht abfallend von einer Stützmauer getragen. Hinunter führten Treppen und damit an den übrigen Stellen niemand herabstürzte, war oben ein aus runden Pfählen bestehendes Geländer angebracht, das von uns Kindern einer weiteren Funktion zugeführt wurde, nämlich zum Spielen; an den glatten runden Stangen ließen sich vorzüglich „Knierädchen" schlagen. Unser Haus konnte aber auch über das sanft abfallende Gässchen „Kurzer Hunikel" erreicht werden und zwar durch ein malerisches Eisentürchen. Zur Abrundung des Idylls gab es oben auf dem Bürgersteig noch einen etwa ein Meter hohen Brunnen, der zwar nicht mehr zur allgemeinen Wasserversorgung diente, an dem wir Kinder aber in der warmen Jahreszeit unseren Durst löschen konnten.

Die genannten Handwerkerhäuser waren eigentlich alle in gutem baulichen Zustand. Das Haus in dem wir wohnten war mit einer frischen roten Farbe angestrichen, die Fensterumrandungen weiß abgesetzt und zwischen Erd- und Obergeschoss prangte in erhabenen Buchstaben „Malermeister Karl Müller". Die rechts daneben liegenden Häuser zur Boppstraße hin, waren bereits schöne vierstöckige Gebäude im Stil der Jahrhundertwende. Am Haus

Durch die Josefstraße zog auch 1939 der Rosenmontagszug

39

Nummer 12 ist heute noch das Baujahr 1902 abzulesen. Und ist man die Josefstraße ganz durchgegangen, den Kaiser-Wilhelm-Ring überquerend, dann kam man an den Wiesenweg, der parallel zur Bahnlinie verlief und seinem Name Ehre machend nicht nur Natur vermittelte, sondern in dem sogar eine Apfelweinkelterei angesiedelt war. Den Wiesenweg gibt's zwar noch, die Kelterei aber schon lange nicht mehr, statt ihrer hat sich eine Servicewerkstatt für Autoradios niedergelassen. Das Gaadefeld auf dem Wege des technischen Fortschritts!

Hier begann der Rosenmontagszug

Und noch einen großen, fast unschätzbaren Vorteil hatte unsere Wohnlage: In der Josefstraße begann aus der Nackstraße kommend der Rosenmontagszug! Wir hatten also vier Jahre Gelegenheit, dieses Ereignis an uns vorbeiziehen zu sehen. Aber auch zahlreiche Verwandte und Freunde teilten mit uns diesen Genuss, unsere Fenster waren heiß begehrt und die Wohnung jedes Mal überfüllt. Am Fastnachtssonntag veranstalteten meine Eltern eine Art Generalprobe, denn da wurde im „kleinen Kreis" gemeinsam der im Radio übertragenen Fremdensitzung des MCV aus der Stadthalle gelauscht. Für beide Tage hatte meine Mutter eine Unmenge von Kreppeln gebacken, schüsselweise Kartoffelsalat angemacht, zu dem es heiße Fleischwurst und dunkle Paarweck von der Bäckerei Köhrer in der Nackstraße (heute die Gastwirtschaft „Zum Backblech") gab, die ich natürlich beischleppen musste. Bevor ich, wie schon zugesagt, über die von mir nicht sonderlich geliebte Tätigkeit als „Familieneinkäufer" erzähle, will ich doch noch erwähnen, wie sehr die Gaadefelder Fastnachtstage in meinem Gedächtnis haften geblieben sind. Während ich mich zwar für die Rundfunksendung von Jahr zu Jahr mehr interessierte und sogar aus einem mit Krepppapier umhüllten, auf den Kopf gestellten und zur Bütt umfunktionierten Hocker „eigene Vorträge" einstreute, galt mein Hauptinteresse am nächsten Tag dem Zug.

Die Besucher meiner Eltern hatten auch Kinder mitgebracht, die ich zum Teil gut und zum Teil weniger gut kannte, die ich aber ohne lange zu fragen unter mein Kommando stellte. Die Plätze auf dem Trottoir, auf dem wir jüngsten Narrhallesen standen, wurden von mir verteilt, ich sorgte aber auch für deren leibliches Wohl, indem ich die von meiner Mutter gerichteten Kinderportionen gönnerhaft verteilte. Es hat sich von diesen Mitguckern und Mitessern, obwohl sie über 60 Jahre Zeit gehabt hätten, bis heute keiner mehr bei mir gemeldet – aber man weiß ja, dass Undank der Welt Lohn ist!

Ja, auf meine Einkaufstätigkeit wollte ich zurückkommen aber davon eigentlich nur preisgeben, dass meine Eltern, insbesondere meine Mutter, eine eigenartige, von mir damals nie begriffene, Marotte hatten: fast jede Wurtsorte musste bei einem anderen Metzger eingekauft werden. Soweit es bei Gaadefeldern blieb, war das ja weniger dramatisch, die Metzgereien Emrich am Gartenfeldplatz, Dechent in der Boppstraße oder Metzler in der Frauenlobstraße lagen ja in einem überschaubaren Radius. Aber da hatte die späterhin noch berühmter gewordene Metzgerei Frondorf damals schon eine berühmte „Roulade", die nichts mit der selbst zu bratenden Rindsroulade zu tun hatte, sondern bei der es sich um eine ganz außergewöhnliche Spezialität von Aufschnitt gehandelt hat. Und davon musste ich schätzungsweise einmal in der Woche ein Viertel Pfund holen, und zwar in de Stäägass, wo sich in den 30er Jahren noch die Metzgerei Frondorf befand! Haben Sie etwas gemerkt? Mir fällt es sehr schwer das Wort „Steingasse" niederzuschreiben!

Beim Brot und den Brötchen war es ähnlich. Obwohl wir einige Bäcker in unmittelbarer Nähe hatten, das Brot musste im Kaiser-Wilhelm-Ring 79 in der Bäckerei Lucke eingekauft werden – natürlich von mir! Und es war nicht wegen der besonders hohen Qualität dieser Backware, sondern weil es sich um das Elternhaus meiner Mutter handelte und der Bäckermeister Lucke noch immer Hausherr meiner Großmutter als auch zweier ihrer Töchter samt deren Ehemännern war. Ich war stets der Meinung, dass der liebe Herr Lucke von der „Familie" mit der Miete aus drei Wohnungen durchaus gut bedient war, da musste ich armer Teufel nicht obendrein noch von dort das Brot in die Josef- und später in die Nackstraße tragen. Im Nachhinein hat dieser Treuebeweis für mich natürlich einen besonderen Charme und man stellt unwillkürlich die Frage: gäbe es so etwas heute noch?

Während die Brotaktionen in den fernen Kaiser-Wilhelm-Ring jahrelang ohne besondere Vorkommnisse erfolgten, hat mir der Kurzweg zur Bäckerei Köhrer, also quasi nur „en Sprung üwwer die Gass", einen Beinbruch eingebracht. In meiner Schusseligkeit hatte ich beim Überqueren der Nackstraße, ohne nach rechts und links zu gucken, einen Radfahrer übersehen, der mich dann auch voll erwischte, mir über das rechte Bein fuhr und mir eine Fraktur des Unterschenkels verabreichte. Es kam Polizei und Krankenwagen, im Nu hatte sich eine Menschenmenge versammelt, Zeugen wurden gesucht, meine Mutter stand kurz vor einem Nervenzusammenbruch, so was kam im Gaadefeld nicht täglich vor. Ich stand, besser gesagt ich lag im Mittelpunkt, es bildeten sich Meinungen, pro und contra, von „Ach Gott, der arme Bub" bis zu „Der Bankert hätt achtpasse solle". Das Ende vom Lied: ein paar Wochen im „Städtische", denn ein solcher Bruch wurde seinerzeit noch mit einem langwierigen Streckverband behandelt, der Radfahrer wurde freigesprochen. Und wenn er nicht gestorben ist, dann lebt er noch heute.

„Bonnifaaz"

Meine Erste heilige Kommunion

Wem das Wort „Bonnifaaz" nichts sagt, dem sei erklärt, dass es sich um die määnzerische Übersetzung von „Bonifatius" handelt. Wer zu der katholischen Pfarrei St. Bonifatius gehörte, gehörte unter Määnzern „zu Bonnifaaz". Das verstand man in der Neustadt so gut wie in der Altstadt und es ist auch nicht ganz so schlimm wie mit „Geedee"! Um bei dieser Gelegenheit noch einen Satz über eine weitere derartige määnzerische Interpretation zu verlieren: Über das allseits bekannte Kriegerdenkmal mit dem schlummernden, aus „feindlichen" Kanonen gegossenen Löwen auf dem Mainzer Hauptfriedhof, sagen die Mainzer nichts anderes als „de Leeb". Und das ist fast wieder so schlimm wie „Geedee"!

Obwohl wir in der Josefstraße wohnten, haben wir nicht etwa zur Pfarrei St. Josef gehört, sondern zu St. Bonifatius und in dieser Pfarrei habe ich mich acht Jahre lang sehr wohl gefühlt. Insoweit war der Zwangsumzug in die Josefstraße 1933 eine gute Fügung. Angefangen hat die Neigung zu St. Bonifatius mit meiner Ersten heiligen Kommunion 1936. So werde ich allein die Vorbereitung auf den erstmaligen Empfang des Leibes Christi, also den Kommunionunterricht, der einige Monate vor dem Weißen Sonntag begann, nie vergessen. Das klingt jetzt vielleicht etwas verstiegen und es sind auch keine einzelnen Aussagen aus diesen Lehrstunden haften geblieben, sondern in Erinnerung ist die liebenswerte und kindgerechte Art, mit der uns der Pfarrchef höchst persönlich, nämlich Pfarrer Schmitt, das Geheimnis des Altarsakraments vermittelte. Was mir auch noch

Die Bonifatiuskirche, auf die die „Bonnifaazer" so stolz waren, vor der Zerstörung

in Erinnerung ist, ist das „Kommunionglöcklein", eine kleine Zeitung, die man im Laufe des Kommunionunterrichts erhielt und die einen ebenfalls mit allerhand rührseligen Geschichten auf das große Fest hinführte. Nicht verschweigen will ich, dass eine ganz profane Erinnerung ebenfalls zurückgeblieben ist: Seit meiner Erstkommunion sind mir die Begriffe „Kiedricher Sandgrub" und „Kiedricher Wasserros" geläufig! Es waren die Weine, die an dem hohen Festtag, der natürlich zu Hause in der Wohnung gefeiert worden ist, getrunken wurden. Und über diese beiden Lagen sind schon Wochen vor dem Weißen Sonntag zwischen meinem Vater und seinem besten Freund Heinrich Rohr heftige Diskussionen geführt worden, welcher denn nun der bessere sei. Es wurde hin- und herprobiert, geschlürft und mit den Zungen geschnalzt, dass es eine Pracht war, bis man sich schließlich dazu entschloss: Mir nemme die „Sandgrub" unn die „Wasserros"! Getrunken habe ich davon selbstverständlich nichts, aber mein erstes theoretisches Weinseminar hatte ich absolviert.

Befähigung zum Messdiener

Nachdem ich zum Weißen Sonntag bei dem feierlichen und lang andauernden Hochamt den reichlich im Kirchenschiff schwebenden Weihrauch im Gegensatz zu manch anderen „Kollegen", die davon fast umgekippt sind, schadlos überstanden hatte, konnte ich die erste Befähigung zum Messdiener nachweisen. Unter der strengen Anleitung des Obermessdieners und „Zeremoniars" Hans Brust aus der Frauenlobstraße genoss ich meine Ausbildung, lernte das „Confiteor" und das noch viel schwerere „Suscipiat", verrichtete meine ersten Dienste als „Flambeaux", also als Kerzenträger, stieg auf zum eigentlichen Ministrantendienst am Altar in unmittelbarer Nähe des Priesters und schwenkte am liebsten wie wohl jeder Messbub das Rauchfass. Als ich nach zwei Jahren so richtig Fuß gefasst hatte, wurde mir die 1892 von Bischof Dr. Haffner eingeweihte St. Bonifatius-Kirche quasi

Fronleichnamsprozession 1937, ich darf die Fahne „schleppen" *(links im Bild)*

zum zweiten Zuhause. Die Sakristei war mir genauso vertraut wie der Katechismussaal, das Innenhöfchen, in dem Jahr für Jahr ein Teil der Karliturgie stattfand, ebenso wie der Turm. Nur muss man sich die alte Bonifatiuskirche ganz anders vorstellen als die heutige. Die Eingänge waren dem Bahnhof zugewandt, über den Portalen erhob sich der schlanke hohe Turm. Pfarrhaus, ein Versammlungsraum, nämlich der Katechismussaal, die Sakristei und die Küsterwohnung lagen zur Boppstraße hin, umgeben von einem Teil des Bonifatiusplatzes. Sie waren aber eine Einheit mit dem Sakralbau, es war eigentlich nichts Trennendes zwischen den einzelnen Funktionselementen und dieser architektonische Komplex scheint mir Sinnbild zu sein für den Zusammenhalt, wie ich ihn von der Pfarrei in Erinnerung habe.

An der Spitze stand unerschütterlich Pfarrer Heinrich Schmitt, ein strenger Patriarch aber gleichzeitig ein gütiger Seelsorger, der auch mal zornig werden konnte, wenn wir am Altar statt andächtig das Maul zu halten gequatscht oder gekichert haben. Unerschrocken stand er auf der Kanzel und hat manche Untat der

46

Nazis angeprangert, die „Pfarrkinder", wie er liebevoll seine Gemeinde anredete, hatten oft Angst, dass man ihn „da owwe runner hole" könnte. Er genoss hohes Ansehen weit über die Pfarrei hinaus. Mit einem leichten, gut gemeinten Spott nannte man ihn „de Bischof von de Neustadt". Und das kam nicht von ungefähr. Die Hochämter an den hohen kirchlichen Festen, natürlich „levitiert", also dreipriesterlich gehalten oder wie wir respektlos sagten „dreispännig", kamen schon in die Nähe einer Pontifikalmesse im Hohen Dom und die Fronleichnamsprozessionen von St. Bonifatius waren Demonstrationen römisch-katholischer Stärke, weswegen sie von den Nazis nicht nur kritisch unter die Lupe genommen, sondern, so glaube ich, regelrecht gehasst wurden. Bei einer Prozession standen unsere HJ-Führer an der Ecke Bopp- und Adam-Karrillon-Straße und fotografierten herausfordernd uns Messdiener.

Großes Gebet und Maiandachten

Und dann die Schlussandachten des „Großen Gebets"! Sie boten überzeugende Feierlichkeit, fromm aber auch betont kraftvoll. Wenn da nach dem „Römischen Segen" Pfarrer Schmitt das Te Deum anstimmte und die Gemeinde laut und freudig zum „Großer Gott wir loben Dich" einfiel, begleitet von brausendem Orgelklang, übrigens erzeugt von meinem Volksschullehrer und Pfarrorganisten Waldschmitt und den mächtigen Klängen der Kirchenbläser, da wurde man gepackt von einem ganz besonders erhebenden Gefühl, das einem gerade in der Zeit der Verfolgung durch die Nazis immer wieder neuen Mut gab: An diesem Fels, an dieser Kirche werden sie zerbrechen!

Währenddessen waren Altar und Chor eine optische Augenweide. Der hohe Aufbau aber auch die Stufen zum Altar waren überreich geschmückt mit Blumen. Pfarrer Schmitt hatte die Blumenhändler seiner Pfarrei wohl fest im Griff, kleine Vasen waren noch in schwindelnder Höhe aufgestellt und konkurrierten

Aus dem Inneren der alten Bonifatiuskirche

mit den zahllosen Kerzen, die auf kunstvollen Messingleuchtern flackerten. Der Altarraum war ausgefüllt von den zelebrierenden Priestern, befreundeten Geistlichen aus den Nachbarpfarreien, einigen „organisierten" Alumnen aus dem Priesterseminar und natürlich von allen aufzubietenden Messdienern, die mit ihren roten Talaren und weißen „Hemdchen" ein besonders farbenfrohes Bild abgaben. Ich bin nach wie vor der Überzeugung, dass es nicht Prunksucht war, die den frommen Pfarrer Schmitt als Regisseur dieser liturgischen Inszenierungen beseelte, sondern das vom heiligen Ignatius von Loyola begründete Motto „Alles zur größeren Ehre Gottes".

Auch scheint Pfarrer Schmitt ein besonderer Marienverehrer gewesen zu sein, denn der Maimonat wurde unter seinem Kurat mit einer täglichen Andacht voll der Gottesmutter gewidmet. Der zu Ehren der Heiligen Maria errichtete rechte Seitenaltar „ertrank" in Blumen, die die ganze Kirche mit Flieder- und sonstigen Düften

Der Marienaltar ohne Maienschmuck

erfüllten. Und das Lied „Maria Maienkönigin" scheint mir noch heute eine der fröhlichsten Kirchenmelodien zu sein.

Unsere Kapläne

Es soll hier aber auch den geistlichen Gehilfen des Pfarrers, seiner und unserer Kapläne, gedacht werden, mit denen wir Jugendlichen es „besser konnten", vor denen wir nicht diesen haushohen Respekt, zu denen wir eher eine kameradschaftliche Beziehung hatten. Da sind noch einige Namen in guter Erinnerung, zum Beispiel die Herren Witzel und Feigel, die allerdings nicht den absoluten Draht zu uns hatten, so wie wir es gewünscht hätten. Ganz im Gegenteil zu dem stets gut gelaunten, fröhlichen und die Klampfe zupfenden Kaplan Mai, wegen seines Bürstenhaarschnitts „Bischi" genannt, oder dem hochgewachsenen Fritz Andreae, den wir außerhalb der Pfarräume duzen durften (zur Tarnung!) und auf den wir als aus Norwegen mit dem „Narvikschild" heimgekehrten Kriegspfarrer damals besonders stolz waren oder schließlich zu Adolf Jäger, einem patenten und aufgeschlossenen Gottesmann, den viele Mainzer nach dem Kriege als Stephanspfarrer kennen lernten und dessen Grabrede zum Tode von Seppel Glückert 1955 mir noch im Gedächtnis ist.

Auf die „Dienerei" besessen

Zurück zum Messdienen. Ich machte das ebenso wie die meisten meiner „Kollegen" mit großer Begeisterung. Viele davon sind nach den Kriegswirren einfach „abhanden" gekommen, wie beispielsweise Richard Morr und Friedel Heß, einmal unzertrennliche Freunde oder Hermann Müller aus der Osteinstraße, der, wie ich läuten gehört habe, Ordenspriester wurde. Kurt Conradi aus der gleichen Straße ist mir später wieder als Tapeziermeister begegnet und Werner Breivogel, der mir das Rad fahren in der Mombacher Straße beigebracht hat und der als Rektor a. D. jetzt auch im Ruhestand weilen dürfte. Einer von damals läuft mir heute immer noch ständig über den Weg, schon weil er aktiver Fassenachter ist: Heinz Tronser, der aber auch als „Bier-Mensch" nicht nur im Gaadefeld einen legendären Ruf hat.

Ministrantendienst machte wie gesagt viel Freude, konnte aber auch anstrengend werden. Wenn man eine Woche lang die 6.30-Uhr-Messe oder sonntags gar die „Ausflüglermesse", die, soweit ich mich erinnere, schon um 5.30 Uhr anfing, zu dienen hatte, hieß das früh aus den Federn und das fiel besonders im Winter nicht leicht. Leicht fiel auch die Spätmesse um 11.30 Uhr am Sonntag nicht, denn da zog aus dem angrenzenden Pfarrhaus regelmäßig Bratenduft in den Altarraum, der sich mit der Blume des Messweins harmonisch vermengte, eine appetitanregende Vorbereitung aufs Mittagessen zu Hause. Diejenige, die für den aromatischen Kochdunst sorgte, war die Schwester des Pfarrers, das Fräulein Schmitt, die das stille Regiment im Pfarrhaus führte.

Wir waren auf die „Dienerei" so besessen, dass wir gerne auch „außerplanmäßige" Dienste annahmen. So zum Beispiel, wenn der große gebeugte Professor Linck vom Priesterseminar oder der schon sehr gebrechliche Monsignore Eich, seines Zeichens „Päpstlicher Geheimkämmerer", an einem der Seitenaltäre ihre Messe lasen. Das gleiche galt für durchreisende Pastoren, die in einem der am Hauptbahnhof gelegenen Hotels übernachtet hatten und von denen man in der Regel ein „Trinkgeld" erwarten durfte. Fast schon erschüttert stelle ich heute fest, dass bei katholischen Beerdigungen ganz selten mal ein Ministrant dabei ist. Seinerzeit haben wir uns darum gerissen und sind dann immer zu dritt angetreten: einer hat das Kreuz tragend den Leichenzug angeführt, die zwei anderen begleiteten mit Weihrauchfass und Weihwasserkessel ausgerüstet den Priester. Bestattungen waren schon deshalb eine Attraktion, weil man zum Friedhof und wieder zurück mit dem Taxi fahren durfte und weil auch da meistens von einem der Hinterbliebenen ein paar Mark abfielen; wir machten als Dank einen tiefen Diener, das konnten wir ja.

Wir wurden aber auch von der Pfarrei für den eifrigen Messdienerdienst bedankt. Bei einer Weihnachtsfeier, regelmäßig angereichert mit einem Krippenspiel, bei dem wir Hirten oder gar die Drei Könige darzustellen hatten, gab es die übliche Tüte, angefüllt mit Süßigkeiten, für die Kirchenvorstand Peter Kirch, der die „Trumpf"-Vertretung in der Rhabanusstraße hatte, zuständig war und den heiß erwarteten Umschlag mit Geld, je nach der Häufigkeit der „Einsätze", über die in der Sakristei sorgfältig Buch geführt wurde. Daran hatte auch der immer anwesende Küster mitgearbeitet.

Am Anfang meiner „Amtszeit" habe ich noch den alten Herrn Zauner mit seinem silbergrauen Spitzbärtchen kennen gelernt. Ein Kirchendiener wie aus dem Bilderbuch. Dann aber bezog bald das Ehepaar Schmidt das Küsterhaus und es kam dann dort auch ganz schnell ein Kind auf die Welt. Schmidt war nicht nur ein gewissenhafter Kirchendiener, sondern beherrschte auch das Buchbinderhandwerk, das er in einer Werkstatt im gleichen Haus betrieb. Mit dieser Familie verband uns, als wir über die Vierzehn waren, so was Ähnliches wie eine Freundschaft. In Erinnerung blieb mir die kämpferische Raucherentwöhnung des Herrn Schmidt, für die er pfundweise die auf der Zunge zergehenden Cremehütchen aus der gegenüberliegenden Bäckerei einsetzte. Man sieht, dass es solche Probleme schon vor 60 Jahren gab.

In die Arme der Gestapo

Mit Vierzehn habe ich auch im Altardienst etwas kürzer getreten, denn der Nachwuchs, der Gott sei Dank genügend da war, musste ja seine Chance haben. Aber diese nachrückenden Buben sollten auch anderweitig betreut werden, mit Singen, Spielen, Vorlesen zum Beispiel, und das hatten wir Älteren uns zur Aufgabe gemacht. Obwohl das ein gefährliches Unterfangen war, denn irgendwie wussten wir, dass nur rein religiöse Jugendarbeit gemacht werden durfte. Und ausgerechnet ich fiel dabei auf und lief auch noch in die Arme der Gestapo. Diesem Vorfall will ich einen besonderen Absatz widmen.

Es war im Winter 1940/41, im letzten Schuljahr an der Goetheschule, als ich plante, für den Messdienernachwuchs im Katechismussaal eine Kaspertheater-Vorführung zu geben.

Ich schrieb dazu mittels Kohlepapier vervielfältigte Einladungen, die ich in der Schule an die jüngeren Freunde verteilen wollte. Während meiner Abwesenheit hat jemand – vermutlich ein als HJ-Führer agierender Klassenkamerad – meine Schulmappe durchstöbert, diese Zettel gefunden und an sich genommen. Jedenfalls landeten sie bei der Gestapo! Denn von dort erhielt ich bald darauf die Vorladung, in Begleitung eines Erziehungsberechtigten bei der Geheimen Staatspolizei, Außenstelle Mainz, in der Kaiserstraße 31, zu erscheinen. Zu Hause herrschte darüber natürlich eine Riesenaufregung, weil wir alle zunächst viel Schlimmeres vermuteten, beispielsweise das Abhören feindlicher Sender, was mein Vater regelmäßig tat. Bis ich nach einigem Überlegen von meinen geklauten Einladungen erzählte. Und um diese ging es tatsächlich, ich traf sie jedenfalls in der aufgeschlagenen Akte auf dem Schreibtisch des Kriminalsekretärs Eisenhauer wieder. Von ihm wurde ich dann auch belehrt, dass solche „weltlichen Dinge" unter der Pfarrjugend nicht veranstaltet werden dürften. Darüber hinaus erteilte er mir einen Verweis nicht ohne den Zusatz „du hast noch mal Glück gehabt!" Ich will hier um Gottes Willen nicht die Gestapo verniedlichen, aber das Verhalten des Beamten Eisenhauer mir gegenüber war fast väterlich. Wahrscheinlich hat der die Lächerlichkeit des Falles selbst eingesehen. – Auch ein Erlebnis aus dem Gaadefeld, denn die Kaiserstraße 31 gehörte ja grade noch dazu, leider.

Ich möchte aber das Kapitel „Bonnifaaz" nicht mit einer so ernsten Sache abschließen. Nicht umsonst habe ich erwähnt, wie sehr wir auch den Turm der Kirche geliebt haben; er reizte immer wieder zu neuen Erkundungsaufstiegen bis hinauf in die oberste

Spitze, in der sich eines Tages Turmfalken eingenistet hatten. Wir Buben erhielten den Auftrag, für das Raubvogelpaar und seine Jungen adäquates Futter zu besorgen und das war Pferdefleisch, das wir bei dem „Gailsmetzjer" Eicker in der Wallaustraße billig ergatterten. Da wir aber nicht nur brave, dem Artenschutz ergebene Tierfreunde waren, sondern auch freche „Gaadefelder Bankert" sein konnten, will ich nicht den dreisten Streich verschweigen, den ich gemeinsam mit meinem Messdienerkollegen Hänschen Maurer ausgeheckt habe. Vor der Sakristeitür befand sich ein Schaltschrank, von dem aus die gesamte Kirchenbeleuchtung aber auch die Glocken in Betrieb gesetzt wurden. Eines nachmittags, als weder in der Kirche noch in der Sakristei außer uns beiden eine Menschenseele anzutreffen war, also eine fast schon unheimliche Ruhe herrschte, schlichen wir beide uns an den Schrank heran, zogen zwei der Glockengeläuthebel herunter und verschwanden schnell und lautlos durch das Seitenschiff aus der Kirche. Schon begannen zwei Glocken mächtig zu läuten, wir verzogen uns unauffällig in die Rhabanusstraße und hörten mit diebischer Freude dem von uns in Gang gebrachten Konzert zu. Zwei Minuten lang etwa, dann wurde das Geläute von befugter Hand beendet. Es ist aber nie herausgekommen, zu wem die unbefugten Hände gehört haben. Bis heute!

„Heil Hitler" im Gaadefeld

Mit Hakenkreuzfahnen und -fähnchen

Wahrscheinlich hat das Gaadefeld die Jahre des „Dritten Reiches" genauso erlebt wie die anderen Mainzer Stadtviertel oder wie alle übrigen deutschen Städte und Gemeinden auch. Dennoch sind mir persönlich halt die Straßen und Plätze, die Häuser, die man von innen und außen kannte und eine ganze Anzahl von Menschen in Erinnerung, die von der Naziherrschaft in irgendwie gearteter Weise beherrscht waren. Ich brauche nur an das Flaggen mit Hakenkreuzfahnen und -fähnchen zu denken, das beispielsweise das Bild der Nackstraße, in der wir übrigens seit Januar 1938 im Haus Nummer 4 wohnten, von einer Stunde auf die andere veränderte. In der allerersten Zeit nach der Machtübernahme im Jahre 1933 war der Fahnenschmuck noch recht spärlich; es zeigten im wahrsten Sinne des Wortes nur die Flagge, die vom Nationalsozialismus tatsächlich überzeugt waren. Später „wurde" man überzeugt, vom Blockwart der Partei, wie zum Beispiel in unserem Falle, als mein Vater von diesem „Amtswalter" angesprochen wurde: „Herr Steeg, es wäre doch eigentlich ganz schön, wenn sie jetzt zu Führers Geburtstag auch e paar Fähncher raushänge würde!" Um eine ungeschickte Antwort ihres Mannes abzuwenden, sagte meine Mutter, wie aus der Pistole geschossen: „Sie werrn's kaum glaube, aber ich wollt morje zum Jaques Herrmann vier Stück für uns kaufe!" Der Blockwalter war zufrieden, der „unzuverlässige" Volksgenosse Steeg, der ohnehin unter besonderer Beobachtung stand, hatte diesbezüglich nichts mehr zu befürchten und der nächste „Führers Geburtstag" sah die Nackstraße in einem beeindruckenden Fahnenmeer. Sie waren in der Tat beeindruckend, die in den Farben schwarz-weiß-rot üppig beflaggten Häuser, und es scheint mir eines der vielen Machtmittel gewesen zu sein, mit denen die Nazis die Menschen überrollten. Es gab fanatische Anhänger, die einen Kult betrieben, der fast ans

So wie hier in der Großen Langgasse sah es 1936 auch in der Nackstraße aus

Lächerliche herankam; so ist mir ein Fenster am Gartenfeldplatz in Erinnerung, das an einem solchen „Feiertag" mit einem großen bunten Hitlergemälde, Blumen und einem dichten Fahnenkranz dekoriert war!

Der nächste Faktor waren die Uniformen, die immer mehr die Straßen des Gaadefelds bestimmten. Da waren zunächst die gewohnten feldgrauen Uniformen der Soldaten, wie man sie in der Garnisonsstadt Mainz schon lange kannte, wir hatten ja mittendrin die 117er Kaserne. Und da fällt mir eine Besonderheit aus der damaligen Zeit ein: Wenn neue Rekruten zur Ableistung ihres Wehrdienstes in die Kaserne eingezogen waren, bekamen die nach einigen Wochen den ersten „Ausgang". Es konnte aber nicht jeder wie, wann und wo er wollte, die jungen Soldaten wurden vielmehr von einem Unteroffizier in Gruppen von 20 bis 30 Mann „ausgeführt". Wenn ein derartiger Menschenpulk, erstmals steif in die Ausgehuniform gepresst, unterwegs war, dann schauten ihnen die Mainzer nach und sagten mehr mitleidvoll als spöttisch: „Gucke mal, da vorne die Schäfcher!" Das war seit unvordenklichen Zeiten wohl wegen der nicht zu leugnenden Herdenähnlichkeit der Spitzname für einen solchen Trupp.

Ich denke aber im Zusammenhang mit dem Nationalsozialismus an andere Uniformen, an die der „Partei und ihrer Gliederungen", wie es damals hieß. Da gab es die Amtsträger der NSDAP, die „Politischen Leiter", die wegen ihrer besonders glanzvollen Uniformen auch „Goldfasane" genannt wurden, da gab es die braune Dienstkleidung der SA und die schwarze der SS, Jungvolk und Hitler-Jugend trugen Braunhemden, die BDM-Mädchen weiße Blusen und überall gehörten schwarze Halstücher und Lederknoten dazu, was man den Pfadfindern abgeguckt hatte. Die „Arbeitsfront" hatte dunkelblaue und der „Luftschutz" hellblaue Uniformen. Und ständig begegnete man Menschen in derartiger Kluft: auf den Straßen, in Läden, in Amtsstuben. Über das ganze Volk war ein Netz von Uniformierten geworfen, unter dem man sich irgendwie unfrei fühlte.

In unserem Haus in der Nackstraße 4 wohnte im Erdgeschoss die Familie Sp., der Mann war bei der SS, ein gefürchteter Bursche, wie man später erfuhr, in der Wohnung über uns die Familie C., der Vater war „Pg" = Parteigenosse mit dem gut sichtbaren runden Abzeichen am Revers und der Sohn hauptamtlicher HJ-Führer beim „Bann 117" in der Rheinallee, und schließlich gab es im vierten Stock den Herrn K., grüner Polizeibeamter mit den SS-Runen am Ärmel, der sich während seiner Urlaube aus Polen besonderer „Heldentaten" gegenüber offensichtlich wehrlosen Menschen rühmte. Das alles unter dem Dach eines „bürgerlichen Hauses" in den Jahren 1938 bis 1944. Hausbesitzer war der biedere Kohlenhändler Heinrich Fleck, der samt seiner resoluten Frau, ich glaube sie hieß Klara, mit den Nazis nichts am Hut hatte. Genauso wenig wie der Lademeister Nies von der Firma Armbruster, ebenfalls im vierten Stock wohnhaft, der während der zahlreichen nächtlichen Fliegeralarme auch schon mal angeduddelt war und in diesem Zustand lauthals schimpfte: „Wege dem Lumpehund müsse mir Idiote jetzt im Keller hocke", wobei er es damit eindeutig auf den „Führer" abgezielt hatte. Und jeder hat die Luft angehalten aber keiner hat ihn verraten. Sicher nicht nur, weil er stets den Wein spendierte!

Die Uniform verändert den Menschen sagt man schlechthin und ich glaube, da ist auch was dran. Ich erinnere mich an meine Lehrzeit bei der Stadtkasse, da gab es einen Beamten, der eigentlich ein lustiger Typ war, keine besonders stattliche Erscheinung, er hatte eher einen komischen Watschelgang. Und dieser Mann erschien eines Tages, für mich völlig überraschend, stolz in einer aufwendigen SA-Uniform, die ihn zwar als einen höheren Dienstgrad auswies, die aber überhaupt nicht zu ihm passte. In der Uniform verhielt er sich plötzlich völlig anders, streng und ernst, obwohl er darin lächerlich wirkte, er kam mir vor wie ein livrierter Zirkusbediensteter in der Manege.

Das Emporschießen der schon genannten Organisationen wie Pilze war natürlich für viele uniformsüchtige Menschen ein gefundenes Fressen. Männer aus der Nachbarschaft stolzierten plötzlich im braunen oder schwarzen Dress herum, waren innerlich vielleicht gar nicht so voll und ganz vom NSDAP-Programm überzeugt, konnten aber ihr Äußeres nach ihrem Geschmack aufmöbeln und verwegen auf ihre Mitmenschen, die „schäbigen Zivilisten", herabblicken.

Immer öfter hörte man den Gruß „Heil Hitler"

Je mehr Uniformen in der Gegend herumspazierten, desto häufiger hörte man den Gruß „Heil Hitler". Keiner, der eine Uniform trug, hätte anders als so gegrüßt und umgekehrt hätte niemand gewagt, einem Uniformierten etwa „Guten Tag" zuzurufen. Das „Heil Hitler" ging im Laufe der Zeit in Fleisch und Blut über, zumal in jedem Hauseingang neben dem „Schwarzen Brett für amtliche Mitteilungen der Partei" ein großes Plakat mit der knallharten Aufforderung hing: „Der Deutsche grüßt mit deutschem Gruß: Heil Hitler!" Den Määnzern ist dazu natürlich gleich was Passendes eingefallen, allerdings nur unter „politisch Unzuverlässigen" oder „unpolitisch Zuverlässigen", da hieß die Anwort auf „Heil Hitler" nämlich „Heil du'n!" (hochdeutsch „Heile du ihn!"). Aber, wie gesagt, man durfte sich dabei nicht ertappen lassen, dann wär's gefährlich geworden.

Dennoch gab es Gegenden, in denen man nicht so sehr verängstigt war. Dabei denke ich an einen kleinen Ort in Bayern, den wir 1942 bei einer Radtour passierten und wo die Bäckersfrau, bei der wir gegen unsere Brotmarken ein paar Brötchen kaufen wollten, unserem gewohnheitsmäßigen „Heil Hitler" ein trotziges „Grüß Gott" entgegensetzte. Ausgerechnet uns katholischen Buben musste eine solche Lektion erteilt werden, wo wir auch noch eine schriftliche Empfehlung unseres Bischofs Dr. Stohr für die auf unserer Route liegenden Pfarrhäuser in der Tasche hatten. Dass es aber in jener Zeit eine so mutige Frau gab, ist auch heute noch tröstlich.

In der Ausübung des „Deutschen Grußes" waren die sog. Politischen Leiter wahre Meister

A propos Uniformen. Ich hatte natürlich auch eine. Die Hitler-Jugend wurde 1936 durch Gesetz „Staatsjugend", das heißt die Mitgliedschaft war ab 1940 sogar Pflicht. Zunächst gehörte ich zum „Jungvolk", das war von 1938 bis 1941. Meine „Einheit" war das „Fähnlein 4" mit seinem Standort in der Schillerschule. An diesen „Dienst" habe ich eigentlich weder gute noch schlechte Erinnerungen. Ich machte mit, weil es sein musste, der begeisterte „Hitler-Bub" war ich nie. Das lag naturgemäß an der politischen Meinung, die im Elternhaus herrschte und auch an der, die die guten Freunde meines Vaters hatten und die mich, den langsam Heranwachsenden, dementsprechend formte. Zudem fühlte ich mich mehr zur Katholischen Jugend hingezogen, obwohl deren einzelne Organisationen samt und sonders aufgelöst und verboten waren.

Gewissermaßen mit der Beendigung der Volksschulpflicht erfolgte die Übernahme vom „Jungvolk" in die „Hitler-Jugend".

„Kreistag der NSDAP 1941". Die „Hitlerbuben" scheinen der Kundgebung vor der alten Stadthalle eher gelangweilt beizuwohnen ...

... während die „BDM-Mädchen" schon strammer bei der Sache sind

Ich durfte wählen und entschied mich mit einigen Freunden für die „Motor-HJ". Dort, das wussten wir, stand nicht so sehr die NS-Ideologie im Vordergrund, sondern eher die Vermittlung von Wissen um das Kraftfahrzeug. Das machte die Abläufe auch einigermaßen interessant. Es gab sogar einige Leichtmotorräder, auf denen wir Fahrausbildung erhielten, die mit der Befähigung zur Erlangung des Führerscheins Klasse 4 endete. Die Versammlungs- und Schulungsräume befanden sich in der früheren Bauhofkaserne, etwa dort, wo heute das Kultusministerium steht. Mein erster Gefolgschaftsführer in der Motor-HJ hieß Hanns Halama, er wurde gleich darauf zur Wehrmacht eingezogen. Ich konnte damals nicht ahnen, dass ich ihm 15 Jahre später im MCV wieder begegnen würde und noch später sogar einmal einer seiner Nachfahren im Amt des Protokollers werden würde.

Der 10. November 1938

Wenn die Menschen sich in den ersten sechs Jahren wohl oder übel in die Naziherrschaft hineingefügt hatten – auch im Gaadefeld, dann war es der 10. November 1938, der sicher nicht nur mich gewaltig aufrüttelte. Es war der Tag des berüchtigten Judenpogroms. Ich war an diesem Tag kurz vor 8 Uhr auf dem Weg zur Schule und überquerte wie täglich die Josefstraße. Dort sah ich in der Hindenburgstraße eine große Menschenansammlung, zu der ich auch lief, um wie elektrisiert zu erkennen, dass die Hauptsynagoge brannte, das prächtige Bauwerk von 1912, das mich wegen seiner Architektur auch als Kind schon beeindruckte, ebenso aber auch wegen der geheimnisvollen Aura, von der diese jüdische Kirche umgeben war. Ich stieß auf eine schweigende Menge, Feuerwehrautos waren auch da, aber man vermisste, dass so richtig gelöscht wurde. Und, als eine Frau, die neu dazu kam, fragte: „Ei, warum spritzen die nit?", hat ein älterer Herr den Finger auf die Lippen gelegt und gesagt: „Psst, sinn se still!" Meine Klassenkameraden und ich gingen weiter zur Schule, alle irgend-

Die Synagoge in der Hindenburgstraße vor ihrer Zerstörung durch die Nazis.
(Ein Stich des Grafikers Hans Kohl)

wie verwirrt und berührt, jeder machte sich seine Gedanken, aber keiner sagte etwas. Und in der Schule angekommen, wurden wir gleich wieder nach Hause geschickt, mit einer mir nicht mehr genau in Erinnerung gebliebenen Begründung. Erst später habe ich geahnt warum: Wir sollten wohl alle direkt miterleben was an diesem Tag vorging.

Das nächste Erleben hatte ich nur wenige Minuten später. Auf dem Heimweg kam ich am Haus der jüdischen Familie Marx vorbei, sie wohnte auch in der Nackstraße, ich glaube es war die Nummer 8, also ganz in unserer Nähe. Und ich kannte das ruhige, vornehme Ehepaar, damals beide Herrschaften wohl zwischen 60 und 70 Jahren alt. Ich grüßte sie immer freundlich bei ihren spärlichen Ausgängen, da es auch meine Eltern taten, sicherlich besonders deswegen, weil die alten Leutchen den gelben Juden-

Das einzige im Stadtarchiv vorhandene Foto von der brennenden Synagoge in der Nacht vom 9. auf den 10. November 1938

stern tragen mussten. Als ich an jenem Tag auf das Haus zuging, drang gerade eine Horde von Männern in die Parterrewohnung der Marxs ein, Sekunden später flogen Geschirr und Gläser, Bilder und Möbelstücke durch die splitternden Fensterscheiben auf die Straße. Der schlimmste Anblick aber war, als die alte Frau Marx, voller Angst und zitternd im Morgenmantel aus der Haustür flüchtete, in der einen Hand den Käfig mit dem Kanarienvögelchen haltend, das sie sicher vor den Rabauken retten wollte. Inzwischen hatten sich Menschen vor dem Haus angesammelt, einige wenige gröhlten zustimmend den wieder herauseilenden Männern zu, die mit Holzknüppeln und Eisenstangen bewaffnet und an ihren unter der Zivilkleidung getragenen Schaftstiefeln unschwer als SA- oder SS-Leute zu erkennen waren. Sie brausten in einem offenen Lastwagen davon, ganz sicher ihrem nächsten ahnungslosen Opfer entgegen. Die übrigen „Zuschauer", die nicht gegröhlt hatten, standen sprachlos und ich glaube in ihrem Innersten auch entsetzt da, denn schließlich waren sie alle Nachbarn der unfasslich gedemütigten Juden, die bisher friedlich und einträchtig nebeneinander lebten. Aber keiner hatte den Mut, auch nur mit einer Silbe zu protestieren. Die Angst vor der braunen Gewalt war stärker. Und in mir, dem gerade Zwölfjährigen, kam ein Gefühl auf, das ich erst viel später als Scham erkannte.

Auf dem Frauenlobplatz fand früher die „Gaadefelder Kerb" statt

Das „friedliche" Gaadefeld

Die Wirtschaften waren „hausmacher"

Das vorangegangene Kapitel hat den NS-Zwang und den NS-Terror, wie diese sich auch im Gaadefeld ausließen, mit ein paar Hinweisen zu beleuchten versucht. Dennoch hat es in jenen Jahren, in die mehr oder weniger meine Jugendzeit fiel, auch angenehme, gesellige, freundlich-nachbarliche Beobachtungen gegeben, die in der Erinnerung wach geblieben sind.

Im Jahre 2001 hat die „Gaadefelder Kerb" ihr 25-jähriges Nachkriegsjubiläum gefeiert. Diese Einrichtung gab's natürlich auch schon vor dem Krieg. Die Kerb, die mir noch bewusst ist, dürfte die von 1938 oder 1939 gewesen sein. Jedenfalls gab es damals noch einen Kerbebaum, der von dem Fuhrunternehmer Kerz auf einer pferdebespannten Rolle, die mit Grünzeug und bunten Bändern geschmückt war, durch einige Straßen des Gaadefelds zum Frauenlobplatz gefahren wurde. Der Kerbeplatz bot alles, was man von ihm erwartete: Karussells, Zuckerstände, Schießbuden und ich glaube, dort auch erstmals von dem Duft gebrannter Mandeln fasziniert worden zu sein.

Auch die Wirtschaften werden ihren Teil zur Kerb beigesteuert haben, denn die Gastronomie im Gaadefeld war, wie ich das mit den Augen eines immer hungrigen und limonadendurstigen Buben sah, vorbildlich. Selbstverständlich den Gaadefelder Ansprüchen genügend, mit einem Wort „hausmacher". Hochfeine Speiserestaurants kannte man nicht; wenn aber hochfeine Leute, wie sie in der Hindenburgstraße oder sonst wo wohnten, super soupieren wollten, dann mussten sie schon in die Stadt, aber wohlgemerkt: „aach nit in die Vilzbach!" So weit zu laufen, denn das war seinerzeit die gebräuchlichste Art der

Auf der „Gaadefelder Kerb" vergnügten sich die Kinder 1949 schon wieder. Bei der Schiffschaukel dürfte es sich allerdings um ein Vorkriegsmodell handeln

Fortbewegung, brauchten sie gar nicht, denn allein der Bahnhofsplatz bot einige Toplokale der oberen Güteklasse: Aktienbierhalle, Pschorrbräu, Central-Hotel, Königs- und Sonnenhof.

Bleiben wir aber bei den „Wertschafte" der ersteren Art und bleiben wir auch am Kerbeplatz, damals dem Frauenlobplatz, wo es ein uraltes Gaadefelder Lokal gab, den „Blaue Stää", das allerdings bei meinem Vater in Ungnade gefallen war, weil sich dort irgendwann eine SA-Einheit ihr „Sturmlokal" eingerichtet hatte. Doch auch in unmittelbarer Nachbarschaft unserer Nackstraßenwohnung gab es Wirtschaften, man könnte fast sagen, in Hülle und Fülle. Nur wird man jetzt fragen, woher und inwieweit kannte ein 10- bis 14-Jähriger schon die Kneipen in seiner Umgebung. Das ist ganz einfach zu erklären: Man hatte damals den Kasten Bier nicht ständig im Keller stehen, so wie heute, vielmehr musste der „Einkäufer" wieder dran glauben und den Gerstensaft im Syphon

Die Wirtschaft „Hattig" mit dem Hinweis auf „Hausmacher Wurst" – natürlich aus eigener Herstellung

oder als Flaschenbier holen. Da hatten wir gleich an der Ecke den „Dommermuth" oder ein paar Meter weiter den „Hattig". Dort ging man mit seinen Wünschen an die Theke, oder wenn drinnen ein zu unheimliches Spektakel war, lieber an den Schalter. Beim Hattig war es besonders interessant, weil in dessen Wirtsstube ein großer Käfig mit Papagei stand, der einem, wenn man Glück hatte, etwas aus dem Sprachschatz der Frau Hattig mitteilte. Diese Wirtin, die man im Sommer am Sonntagnachmittag in ihrem Damenzirkel todsicher auf der Kaffeeterrasse der Stadthalle antreffen konnte, war ausgestattet mit der markanten Stimme einer Adele Sandrock und sie rief, wenn sie ihren Gatten aus der Küche ins Lokal haben wollte, nicht etwa seinen Vornamen „Schorsch" sondern laut und vernehmlich „Hattig!" Das hatte einen Klang, der mir heute noch in den Ohren ist, aber der Papagei konnte es genauso gut.

Doch in diesen beiden Wirtschaften verkehrte die Familie Steeg nicht, weil es eigentlich Männerbeizen waren, womit ich aber auch sagen will, dass ich von einem gewissen Alter an mitgehen durfte und dass mein Vater kaum allein ausging. In Erinnerung an Steegsche Ausgehlokale ist mir die schon genannte Weinwirtschaft Sonnet mit ihren zwei Zugängen, dem Haupteingang in der Nack-

Eine der gemütlichen Neustadtkneipen – hier am Kaiser-Wilhelm-Ring 54

straße und dem hinteren im „Kurzen Hunikel" – für verfolgte Kneipengänger vielleicht manchmal eine hilfreiche Einrichtung. Viel besser ist bei mir aber „de Rau" haften geblieben, eine biedere, reelle Wirtschaft, ebenfalls in der Nackstraße (habe ich mit Hülle und Fülle zu viel versprochen?) an der einen Ecke der Colmarstraße, wobei es aber am nächsten Eck am Kaiser-Wilhelm-Ring schon eine weitere gab, nämlich „de Eilers". Man hat sie einfach ohne viel Drumherum nach den Namen ihrer Inhaber benannt – und die bürgten für Qualität! Insbesondere die Schlachtfeste beim „Rau": da roch es schon von weitem nach Metzelsuppe, von der es übrigens einen Teller umsonst gab, von der man aber in der vorsorglich mitgebrachten Milchkanne auch noch was mit heimnehmen konnte. Und dann waren da die unvermeidlichen Erzeugnisse einer frischgeschlachteten Wutz, angefangen von der Hausmacher Wurst über die Bratworscht bis zum Kotelett. Man kannte keinen Kinderteller, aber die Portionen waren so gewaltig, dass ich vom Vater und der Mutter etwas abkriegte und damit satt wurde – ich kam nie zu kurz.

Vorbildlich die Infrastruktur

Wenn ich jetzt erwähne, dass gleich nebenan auch in der Nackstraße der Friseur Ditsch und gleich ums Eck rum der Salon Alois Strupp mit der hübschen Tochter Hannelore ihre Haarkünste anboten, dann eigentlich nur um zu beweisen, wie vorbildlich damals die Infrastruktur im Gaadefeld war. „Eier-, Butter-, Käse"-Läden gab es allein drei in unmittelbarer Nähe, in der Boppstraße zwei Spezial-Obst- und Gemüse-Geschäfte fast nebeneinander, wovon eines den Eltern meiner Freunde Erich und Manfred Heinz gehörte. Gegenüber eine Textilhandlung, die DEWA, und weiter oben fast an der Bonifaziuskirche ein Wäschefachgeschäft, das in seinem Schaufenster warb „Hier werden Ehestandsdarlehen angenommen" – wahrscheinlich gab es damals so etwas. An der Ecke Kurfürstenstraße lag die alteingesessene Drogerie Krug mit all

Das Lebensmittelgeschäft HEINZ mit meinem Freund Erich als „Fotomodell"

Und so sah es innen aus: Der stolze Inhaber Wilhelm Heinz mit Lehrmädchen und Sohn Erich

Eine Latscha-Filiale in der Wallaustraße

Läden in der Boppstraße. Davor ein Pferdefuhrwerk mit Kohlen

ihren Gerüchen und Düften von den Mottenkugeln bis zum feinsten Parfüm, das den Käuferinnen zur Probe auf den Handrücken getupft wurde. Und immer, wenn ich wieder mal den Witz von dem Drogisten, seinem Lehrmädchen und den Verhüterli höre, stell ich mir als „Ort der Handlung" im Geiste diesen Laden vor. Ein Geschäft darf ich hier nicht vergessen, zumal es an der anderen Ecke der Kurfürstenstraße war, nämlich an der Nackstraße, ein Lebensmittelladen mit dem schönen Namen „Avemaria", der mir als Familienname nie mehr begegnet ist. Es war eigentlich unser Leib- und Magengeschäft und wenn ich dort einkaufte, bekam ich oftmals einen der wunderbaren weichen Rahmbonbons geschenkt, die ich später genauso wenig wieder traf wie den Namen Avemaria.

Lebensmittelläden gab es natürlich noch mehr. Da war neben der Molkerei Bräunig, mit eigener Butter- und Käseherstellung, die „Spezereihandlung" (wie sie sich tatsächlich nannte!) Rill und in der Boppstraße eine Latscha-Filiale, wo es freitags frischen Fisch gab. Am Gartenfeldplatz existierte ein feiner Tabakladen, nebenan eine Heißmangel und um die Ecke die Weinhandlung Blass, ein gut sortiertes Ladengeschäft mit einem Wingerts-Ölgemälde an der gesamten Wandfläche. Dort habe ich für meine Oma manche Flasche eingekauft, die dann in zartes buntes Seidenpapier eingewickelt wurde. Der Weindunst in dem Laden war für mich so stark, dass ich beim Herausgehen fast einen kleinen Schwips hatte.

Oder bleiben wir gegenüber unserer Wohnung, wo sich gleich drei Fachgeschäfte angesiedelt hatten: Der Juwelier Roßtäuscher, ein Bettenladen mit zwei großen Schaufenstern und die Fahrradhandlung Filtzinger. Für höhere Ansprüche hatte man nicht weit weg in der Boppstraße „Motorrad Schwoll"; ich glaube damals der Motorradfachbetrieb in Mainz. Aber auch für Wegzuwerfendes war einer da: in der Nähe des Raupelswegs der legendäre Jakela, ein Name von Begriff, bei dem auch mancher Eisen- und Blech-„Archäologe" etwas Passendes fand. Das Gaadefeld war autark, hier lohnte es sich zu leben.

Im Hof türmten sich Kohlenberge

Nun hätte ich bei der Aufzählung der vielfältigen „Versorgungs-einrichtungen" beinahe die im „eigenen" Haus ansässige Kohlen-handlung Fleck vergessen und es fast auch unterlassen das Haus Nackstraße 4, das man wohl als eines der Durchschnittshäuser des Gaadefelds bezeichnen kann, etwas näher zu beschreiben.

Das Haus unterschied sich von den Nur-Wohnhäusern, in die lediglich Haustüren hineinführten, durch eine Toreinfahrt, weil im Hof wie gesagt ein Kohlenhandel florierte und ein entsprechend breiter Zugang sowohl für die Lieferanten als auch für die Kunden vorhanden sein musste. Auf dieser Hoffläche türmten sich Berge von Nusskohlen, Anthrazit und diversen Brikettsorten, die von Lastwagen dahingekippt wurden. Von dort weggeschafft wurden sie von Vater Fleck und Sohn Nickes, die die Kohlen in groben Säcken auf einem Handkarren zur Kundschaft brachten, „frei Keller" versteht sich! Billiger war es für die Kleinverbraucher, sich das Brennmaterial selbst zu holen. Diese Spezi zu bedienen war Sache von Mutter Fleck, die es verstand, ihre Ware lautstark und vor allem schnell zu vermarkten, denn es gab ja Leute, die eimerweise die Kohlen im Hof einkauften. Da galt es für Frau Fleck, die ja nicht mehr die jüngste war und trotzdem arbeiten konnte wie ein Mann, flott zu schaufeln, exakt zu wiegen und genau zu kassieren aber auch die Käufer so rasch wie möglich wieder hinauszubugsieren, denn sie hatte auch nur zwei Hände. Da war es in den damals schneereichen Wintern für mich selbstverständlich, ihr das Schneeschippen abzunehmen; und als sie mir beim ersten Mal Geld zusteckte, wollte ich das natürlich nicht annehmen. Sie beharrte aber darauf, und ich gab meinen Widerstand spätestens auf, als sie mir mit ihrer rauhen aber herzlichen Stimme klar machte: „Jeder Arbeiter ist seines Lohnes wert!"

Das Klosett im Treppenhaus

Obwohl die Toreinfahrt zu einem Kohlenhof führte, wurde sie stets pieksauber gehalten; von den Seitenwänden prangten sogar

Eines der typischen Nackstraßen-Häuser. Hier die Ecke von Nackstraße und Lessingstraße

kunstvolle Ölmalereien. Links ging es ein paar Treppen hoch ins eigentliche Wohnhaus. Da gab es auf der einen Seite die Parterrewohnung, auf der anderen Seite die Tür, die zu den Kellern führte. Die Keller von damals sind kaum vergleichbar mit denen von heute. Sie waren kleiner, feuchter und hatten andere Funktionen, das heißt, sie waren vor allem dem „Brand", so nannte man kurz und bündig den Bedarf an Kohlen, vorbehalten ebenso wie dem ganzjährigen Kartoffelvorrat. Übrigens zogen im Herbst Hechtsheimer Bauern mit ihren Pferdefuhrwerken durch die Straßen des Gaadefelds und priesen unüberhörbar das Produkt ihres vor den Toren der Stadt gelegenen Dorfes an: „Priiiimaaa Hexemer Kardoffele!" Selbstredend brachten die Bauern die Kartoffeln in die Keller genau so wie es Vater und Sohn Fleck mit ihren Kohlen machten. Kundendienste, wie man sie unverständlicherweise heute kaum noch kennt! Doch noch etwas zu den Kellern, die plötzlich mit Beginn des Bombenkrieges eine zusätzliche, sogar lebensrettende Bedeutung bekamen. Oft stundenlang saßen die Hausbewohner eng an eng in den schmalen Kellergängen, meistens in den Nachtstunden, ängstlich wartend auf das erlösende Sirenensignal „Entwarnung". Viele Menschen haben in den Kellern überlebt, während das Haus oben drüber samt Hab und Gut in Schutt und Asche gelegt wurde.

Das Haus selbst war gepflegt, die Treppen wurden von den Mietern tiptop in Ordnung gehalten. Und wenn durch das Treppenhaus ein Duftgemisch von Bohnerwachs und frisch gebackenem Kuchen zog, dann wusste man, dass Samstag war! Die Tatsache, dass die Klosetts – jeweils eines für die zwei Mietparteien jedes Stockwerks – sich auch im Treppenhaus befanden, störte nicht, man war es nicht anders gewohnt. Zudem hatte jeder Abort, oder wie die Määnzer salopp sagten, jeder „Abee" ein recht großes Fenster zum Lüften!

Es ließ sich leben in den Wohnungen der Nackstraße 4, ebenso wie in denen der vielen gleichartigen Häuser des Gaadefelds. Die

Fußböden in den hinreichend geräumigen Zimmern waren aus Holz, die in den Küchen meistens aus Terrazzo. Der Küchenherd diente zum Kochen und Heizen und in einem eingebauten Behälter, dem „Schiff", hatte man stets warmes Wasser. Dafür gab es in diesen Häusern noch keine Bäder! Statt der Aluspüle gab es den „Wasserstein", aus Sandstein oder auch aus Terrazzo hergestellt, darüber der „Wasserkrane", aus dem durch ein rotes Schläuchelchen ausschließlich kaltes Wasser floss, „unten rum" mit einem schmucken Vorhängchen umschlossen, hinter dem die Putzeimer verschwanden. Genauso weggezaubert wurden die Geschirrtücher, die man gleichfalls den Blicken entzog, in dem man vor diese ein vorhangartiges steif gestärktes Leinentuch hing, auf dem man fast immer den von der Hausfrau selbst gestickten Spruch „Eigner Herd ist Goldes wert" finden konnte.

Das Zusammengehörigkeitsgefühl unter den Familien in diesem vierstöckigen Haus war eigentlich gut. Die politischen Differenzen wurden flach gehalten, die Nazis provozierten nicht und die Nichtnazis hielten die Klappe. So ließ es sich verhältnismäßig ruhig miteinander oder besser gesagt nebeneinander leben.

Auch wechselseitige Beziehungen

Es entwickelten sich auch wechselseitige Beziehungen, besonders unter Gleichgesinnten sowohl innerhalb der Generation meiner Eltern als auch im Bereich von uns Jüngeren. Ein gutes Beispiel war die Freundschaft zwischen der schon genannten Familie Heinz aus dem Gemüsegeschäft in der Boppstraße und meinen Eltern. Die konnten sich aufeinander verlassen und einander trauen, da konnten insbesondere die zwei Väter getrost politisieren und die neuesten Meldungen vom „Feindsender" BBC London austauschen. Das geschah oftmals in der Küche hinter dem Laden der Heinz' und wenn dazu noch eine Flasche Dromersheimer entkorkt wurde, dann war das für die beiden Männer eine Sternstunde. In der späteren DDR hat man so etwas „Nischen" genannt, die wir unter einer anderen Diktatur also auch schon hatten, nur gottlob nicht so lange! Die Kommunikation unter uns Buben blieb erhalten bis in die Gegenwart. Die beiden jungen Heinze haben nach dem Krieg – auch im Gaadefeld – das Autohaus „Gebrüder Heinz" gegründet, das heute mehr denn je Rang und Namen hat.

Wenn schon von „Beziehungen" die Rede ist, wird der eine oder andere fragen: „hot der nix mit de Boppe gehabt?" Ich brauche hier kein Sündenbekenntnis abzulegen, denn erstens gab es unter meinen Gleichaltrigen wenig Frühreife und zweitens gilt zu bedenken, dass ich mit gerade eben siebzehn schon zum Arbeitsdienst eingezogen wurde. Im Gaadefeld habe ich also keine bedeutsamen Amouren erlebt und erst recht keinen Flurschaden angerichtet.

Als ich beim Fenstergucken – damals war ich vielleicht fünfzehn – meine Mutter mal auf ein besonders hübsches Mädchen aufmerksam machte, das zwar zur Nachbarschaft gehörte aber halt nicht zur besten Gesellschaft zählte, geriet meine strenge Mama fast aus dem Häuschen und fuhr mich an: „Hör mer uff mit der Dreckbehle, die gehört ja zum größte Zores!" Dass meine Mutter bei außergewöhnlicher Entrüstung ins derbste Määnzerische verfiel, wusste ich inzwischen, dass sie aber die von mir schon seit langem still Angebetete derart nieder machte, hat mich kolossal enttäuscht. Dabei war sie, deren Namen mir mit den Jahren entfallen ist, wirklich schön, hatte einen Schmollmund wie später die Bardot, schlanke wohlgeformte Beine und trug sonntags schon Schuhe mit hohen Absätzen, ihre Frisur war wild. Meine Mutter nannte Letzteres allerdings ungepflegt und stempelte das arme Kind kurzerhand zum „Zottelbock", ein Ausdruck, den man nicht mal im Mainzer Wörterbuch findet. Zugegeben, ihre Herkunft war nicht die edelste, ich folgte also dem mütterlichen Rat, besser gesagt dem Befehl, wandte den Blick gegen meinen Willen von dem verehrten Mädchen ab und überließ sie weiterhin ihrer

Unschuld, obwohl sie diese wahrscheinlich aber früher an den Nagel hängte als ich die meinige.

Am 11. November 1976, kurz nach meinem 50. Geburtstag, habe ich in der Närrischen Generalversammlung des MCV auch dem Gaadefeld eine Passage meines Vortrags gewidmet, aus der ich an dieser Stelle ein Stückchen zitieren will:

„Im Gaadefeld lebte Mainz schon vor fuffzisch Jahr auf seinen Plätzen: Goethe-, Frauenlob- und Sömmeringplatz, Feldberg- und Gartenfeldplätzche – da iss mer schun mit e paar Woche in de Kinnerchaise geschockelt worn, wobei mir noch nit in Pampers eingewickelt war'n, mir hawwe noch in Winnele aus Mull gekackt. Da entstand noch ein echtes Mutter-Kind-Gefühl! Uff dene selbe Plätz hawwe mer später Klicker, Mutter- unn Vatterjus unn Fußball gespielt. Unn noch e bißje später – im Schutze der Verdunkelung – hat mer dort die erste Küss' kriegt – und als Gegenleistung e paar kühne Griff gemacht. Kühn, was damals kühn hieß!"

Diese „erotischen" Erinnerungen entsprechen natürlich der Wahrheit und sie reichen zurück in den zuletzt erlebten Winter im Gaadefeld, es war 1943. Immerhin war ich jetzt siebzehn und hatte mich unsterblich verliebt in eine zuckersüße Bäckereiverkäuferin vom Gartenfeldplatz. Es war mir auch gelungen, dieses schwarzhaarige Püppchen zu dem einen oder anderen Abendspaziergang zu „überlisten", wobei ich mir schon eine Weile später ausgerechnet hatte, dass meine vermeintliche List gar keine gewesen ist, dass vielmehr das verhältnismäßig rasche Versickern der „Liebe" ihrerseits wohl einzig und allein auf meine Unbeholfenheit oder besser noch auf meine Dabbichkeit zurückzuführen war. Tatsächlich aber war der kriegsmäßig in absolutes Dunkel gehüllte Feldbergplatz Ort des Geschehens, tatsächlich waren die Küsse für meine Begriffe heiß und innig und tatsächlich erlebten meine unerfahrenen Hände weibliche Zonen, wie ich sie nur aus meinen kühnsten Träumen kannte. Kühn aber halt nur in den Träumen, nicht kühn genug für die Wirklichkeit. Das Blätterteigweibchen wird mich im Stillen belächelt haben – und das in meinem geliebten Gaadefeld!

Und diesem Gaadefeld musste ich im drauffolgenden Januar Adieu sagen, weil man mich dringend beim „Reichsarbeitsdienst" benötigte. Unsere Wohnung in der Nackstraße Nummer 4 sah ich noch ein Mal wieder, anlässlich der Silberhochzeit meiner Eltern im Februar 1944. Am 21. September ging dann das Haus samt unserem ganzen Hab und Gut in Schutt und Asche nieder. Von einem „friedlichen" Gaadefeld, wie ich es noch – wohlweislich in Anführungszeichen – in der Überschrift dieses Kapitels nannte, konnte keine Rede mehr sein.

Ein Blick in das zertrümmerte Gaadefeld

Nachwort

Dieses so genannte Nachwort wird eigentlich nur erforderlich wegen des jetzt noch folgenden Gaadeeld-Beitrags. Er weicht von dem Vorherigen völlig ab, weil es sich hierbei nicht um Tatsachen, sondern um ein Geschichtchen handelt. Das Geschichtchen wiederum beruht auf einem Witz, genau genommen dem Lieblingswitz meines Freundes, des Metzgermeisters Richard Emrich. Ich habe wenigstens hundert Mal die stets für Lacherfolg garantierende Begebenheit aus seinem Munde gehört und das Charmante daran war, dass er sie im Gaadefeld ablaufen ließ, obwohl sie tatsächlich auch in jeder anderen Stadt unseres Landes hätte stattfinden können.

Der Witz ist im Laufe der Jahre zu einem Gaadefelder Gewächs geworden und deshalb passt er, so meine ich, in dieses Bändchen. Leider kann Richard Emrich das Geschichtchen nicht mehr lesen; er ist am 7. Juli 2001 kurz vor Vollendung seines 80. Lebensjahres verstorben.

Ich will ihm dieses Büchlein widmen.

Karl-Heinz Steeg

Metzgermeister Richard Emrich †

Die Anna

Es soll in den 20er Jahren des vergangenen Jahrhunderts im Gaadefeld zwei Metzgermeister gegeben haben, die sich gegenseitig recht zugetan waren, man könnte auch sagen, sie waren eng befreundet. Obwohl diese Formulierung nicht zu der Vermutung führen darf, sie hätten ständig zusammengehockt, ihre Begegnungen waren vielmehr fein säuberlich eingeteilt: dienstags, am Schweineschlachttag, trafen sie sich regelmäßig auf dem Schlacht- und Viehhof, und an jedem Freitagabend rollten sie eine Dutt im stadtbekannten „Weinhaus Schober" in der Rheinallee Ecke Josefstraße.

Geschäftlich kamen sich die gleichermaßen für feine Wurst- und Fleischwaren berühmten Meister niemals ins Gehege, denn Karl hatte seine Metzgerei im Westen und Adam die seine im Osten des Gaadefelds.

Und dennoch umspann sie ein geheimnisvoller Bund, den wir hier lüften müssen, um die Geschichte überhaupt fertig erzählen zu können. Die beiden hatten – und jetzt halten Sie einen Moment die Luft an – die beiden hatten eine gemeinsame Freundin!

Es sollte vielleicht nicht verheimlicht werden, wie es überhaupt dazu kommen konnte. Die beiden Fleischerfamilien hatten sich an Fastnacht 1926 in den Kopf gesetzt, gemeinsam einen Ball in der Stadthalle zu besuchen, eigentlich mit dem Hintergedanken, den Sohn von Karl und die Tochter von Adam, beide im heiratsfähigen Alter, ein wenig näher aneinander zu bringen. Dass die Nacht mit einem völlig anderen Ergebnis enden würde, war um 20 Uhr 11, als der Kapellmeister den Taktstock zum ersten Walzer erhob, nicht im Entferntesten zu ahnen. Der Ordnung und der Ehrlichkeit halber muss erwähnt werden, dass es sich um den Dienstagsball des MCV handelte.

Nachdem man en famille gerade zum zweiten Mal mit einer, „1921er Kiedricher Sandgrub" angestoßen hatte, erschien am

Tisch plötzlich eine hochgewachsene, vollbusige „Carmen", tippte dem Karl wie im Vorübergehen leicht auf die Schulter und entführte ihn kurzerhand in das tanzende Gewoge ausgelassener Mainzerinnen und Mainzer. Das gleiche wiederholte sich eine halbe Stunde später bei Adam. Dann wurde die „Carmen" an diesem Tisch und in dieser Nacht nicht mehr gesehen. Dasselbe galt weitgehendst allerdings auch für Karl und Adam. „Carmen" hatte nämlich im „Rheingoldsaal" der Stadthalle an einer lauschigen Sektbar Stellung bezogen, und es fiel ihr nicht sonderlich schwer, die beiden Bratwurstingenieure bis nach der Demaskierung bei der angenehmen Musik einer modernen Swingband unter ihren Fittichen zu halten. Nach einigen Flaschen Burgeff-Grün gestand „Carmen", dass sie in Wirklichkeit das aus dem hinteren Rheinhessen stammende Dienstmädchen Anna des angesehenen Mainzer Rechtsanwalts M. sei und in dessen hochherrschaftlichem Haus in der Hindenburgstraße von morgens bis abends arbeite und dort ein bescheidenes Mansardenzimmerchen inne habe, das aber nur über die hochherrschaftliche Haustür erreichbar sei. Das war ein deutlicher Hinweis!

Im Übrigen entließ Anna die beiden Meister, nicht ohne mit jedem, säuberlich getrennt natürlich, ein Rendezvous vereinbart zu haben. So wusste Adam nicht, dass sie mit Karl bereits am Aschermittwoch, und Karl ahnte nicht, dass sie mit Adam erst am Donnerstag drauf verabredet war und zwar jeweils in „de spanisch Woistubb". Das „Rheihesse-Märe", das nach dem Absetzen der Perücke weizenblond aber genauso hübsch war, hatte also „Nägel mit Köpp" gemacht! Über so viel Spitzfindigkeit nachzudenken, hatten die zwei zwischenzeitlich recht beschwipsten Herren gar keine Zeit, mussten sie doch ihren Ehefrauen so glaubhaft wie möglich darstellen, dass sie gemeinsam mit dem Innungsobermeister ein paar Stunden an der Biertheke versackt seien.

Der nächste Freitagabend kam heran, pünktlich um 8.00 Uhr liefen Karl und Adam im Weinhaus Schober ein, die zwei saßen

Hebammenlehranstalt in der Hafenstraße, das „Akkuschement"

sich wie gewöhnlich gegenüber, ihre Stimmung aber war etwas verhaltener als sonst, das Gespräch wollte nicht so richtig in Fluss kommen, beiden Blicken war so was Ähnliches wie Misstrauen zu entnehmen, ja, aus einer gewissen Verlegenheit tranken sie schneller als üblich, so dass beim vierte Halbe die langjährige Serviererin vertrauensvoll fragte: „Na, habt'er üwwer Fassenacht nit genug zu trinke krieht?"

Das Zauberwort „Fassenacht" schien den Bann gebrochen zu haben, denn Adam erwähnte wie beiläufig: „Ich war üwwerigens gestern Abend mit der Anna zusamme!" Wozu Karl, fast ebenso beiläufig erwiderte: „Unn ich vorgestern!" Um es kurz zu machen: beide Zusammenkünfte hatten offensichtlich übereinstimmend ergeben, dass Anna eine sturmfreie Wohnung in der Wallaustraße in Aussicht habe, die ihr aber eigentlich zu teuer sei. Dass dann am gleichen Abend ein Pakt ausgehandelt wurde, nach dem Karl und Adam sich sowohl Annas Miete als auch Anna selbst teilten, spricht doch für die Gediegenheit und Sparsamkeit von Handwerksmeistern in den 20er Jahren.

Nach etwa zweijähriger friedlicher Koexistenz kam, was irgendwann kommen musste. Anna eröffnete den beiden eines Tags: „Ich bin schwanger!" Karl und Adam taten, was jeder anständige Mann in einem solchen Fall tut: sie zogen sich zunächst mal diskret zurück. Selbst ihren Stammtisch gaben sie vorübergehend auf, sehr zur Verwunderung von Weinwirt Schober und der langjährigen vertrauensvollen Serviererin.

Bis eines Samstagmorgens, mitten im größten Hochbetrieb, bei Adam das Telefon klingelte, es war Karl: „Adam, ich hab' erfahrn, seit gestern iss die Anna im Akkuschement!" Adam, ebenso ein Ehrenmann wie der Anrufer, schlug sofort vor: „Da müsse mer se besuche, mir treffe uns morje früh um zeeh beim Schober!"

Nachdem sie sich dort mit drei Halbe und vorsorglich einem Steinhäger seelisch aufgerüstet hatten, lenkten sie ihre Schritte in die Hafenstraße.

Kurz vor der Entbindungsanstalt meinte Adam: „Karl, du wääßt ja, ich liffer da hie, da sieht's e bißje dumm aus..."

„Ja", seet de Karl, „bleib du unne stehe, ich geh' enoi!"

Dem Adam wurden die Minuten zu Stunden, der Karl kam nit... und kam nit. Bis uf äämal Karl mit vielsagendem Blick auftauchte.

„Na unn?", fragte Adam.

Karl: „Es iss was Schlimmes bassiert!"

„Also du werst doch hoffentlich dei'm Freund sofort reine Woi einschenke!", forderte Adam.

„Adam, die Anna hat Zwilling krieht!"

„Was iss en da Schlimmes debei?" jubelte Adam, fast fröhlich, „ääns for dich – unn ääns for mich!"

Karls Züge verfinsterten sich: „Es kimmt awwer noch schlimmer, Adam!"

„Zum Dunnerkeil, was kann en da noch schlimmer komme?"
„Ei Adam", verkündete Karl traurig, „meins iss gestorbe – unn deins lebt noch!"